2019年度河北省社会科学发展研究课题
(编号：2019030303001)

乡村振兴背景下乡规民约的完善与创新

辛宇鹤◎著

燕山大学出版社
·秦皇岛·

图书在版编目（CIP）数据

乡村振兴背景下乡规民约的完善与创新 / 辛宇鹤著. —秦皇岛：燕山大学出版社，2022.5
ISBN 978-7-5761-0334-2

Ⅰ. ①乡⋯ Ⅱ. ①辛⋯ Ⅲ. ①农村－社会管理－乡规民约－研究－中国 Ⅳ. ①C912.82

中国版本图书馆 CIP 数据核字（2022）第 073485 号

乡村振兴背景下乡规民约的完善与创新
辛宇鹤 著

出 版 人：陈 玉		
责任编辑：宋梦潇		策划编辑：宋梦潇
责任印制：吴 波		封面设计：刘馨泽
出版发行：燕山大学出版社 YANSHAN UNIVERSITY PRESS	地 址：河北省秦皇岛市河北大街西段 438 号	
邮政编码：066004	电 话：0335-8387555	
印 刷：英格拉姆印刷(固安)有限公司	经 销：全国新华书店	
尺 寸：710mm×1000mm 1/16	印 张：12	
版 次：2022 年 5 月第 1 版	印 次：2022 年 5 月第 1 次印刷	
书 号：ISBN 978-7-5761-0334-2	字 数：191 千字	
定 价：48.00 元		

版权所有 侵权必究
如发生印刷、装订质量问题，读者可与出版社联系调换
联系电话：0335-8387718

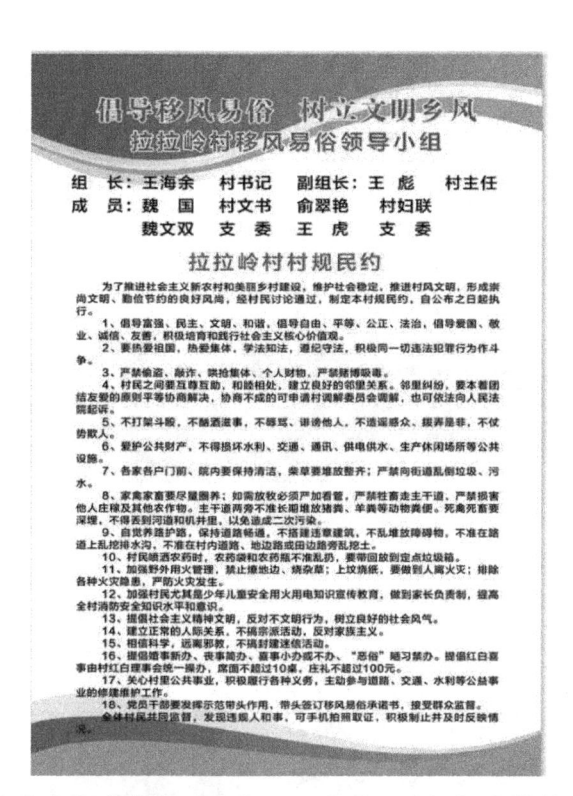

河北省秦皇岛市青龙满族自治县马圈子镇拉拉岭村村规民约

河北省秦皇岛市经济技术开发区黄河道孙庄村村规民约

吴庄村村规民约

为维护社会的安定和谐，促进全村各项事业的全面发展，经村民代表会议讨论通过，定立如下村规民约，望全体村民共同遵守。

一、拥护中国共产党的领导，遵守国家法律法规，执行党和国家的路线、方针、政策，践行社会主义核心价值观。

二、讲文明、讲礼貌、尊老爱幼、和睦相处，正确处理好村民之间的相互关系，不得惹事生非，拉帮结派，不得聚众闹事，打架斗殴。

三、弘扬正气，抵制歪风邪气，敢于同各种不良现象和违法犯罪行为作斗争，严禁赌博、吸烟、封建迷信等一切违法和不健康的活动，提倡勤俭节约，反对铺张浪费。

四、关心集体，关心他人，关心村里公共事业，积极参加村民会议，商讨公共事务。

五、维护村容村貌，搞好环境卫生，美化生活环境，严禁乱倒垃圾脏物。

六、村民积极履行各种权利和义务，依法服兵役和参加民兵组织，承担抚养教育子女和赡养老人，禁止家庭暴力和虐待行为发生。

七、自觉实行计划生育，提倡晚婚晚育，禁止政策外生育。

八、增强防火意识，不许携带火种进山，不焚烧秸秆和燎地边。文明祭祀，防止火灾发生。

九、严禁乱砍乱伐，维护集体资源，不得损害集体或者他人的利益。

河北省秦皇岛市海港区驻操营镇吴庄村村规民约

卸粮口村村规民约

为把新农村建设推向新的水平，依据我国宪法、村委会组织法及国家的法律法规和党的方针政策，通过村民代表会议，结合我村的实际情况，特制定本村村规民约，便于村民共同遵守。

一、全体村民及暂住人口必须遵守村委会的各项管理制度，遵纪守法，自觉维护公共秩序。

二、全体村民及暂住人员应更好的践行社会主义核心价值观：富强 民主 文明 和谐 自由 平等 公正 法治 爱国 敬业 诚信 友善。

三、为了加强社会治安综合治理，加强对流动人口的管理，凡在我村暂、暂住的外来人员必须按有关规定到村流动人口管理站登记，然后到镇派出所办理暂住证。

四、全体村民及外来租房人员要节约用水、用电。

五、全体村民及外来人员都要自觉爱护环境、讲究卫生、保持房前屋后干净整洁，禁止乱堆、乱放、乱倒生活垃圾，做到垃圾分类、垃圾入池、脏水入沟。

六、全体村民及外来人员都要爱护花草树木及公共设施。

七、全体村民要团结和睦，邻里互助，尊老爱幼，提倡社会主义精神文明，移风易俗，反对封建迷信及其他不文明行为，树立良好的村风、民风。

八、红白喜事由红白理事会管理，喜事新办，丧事从俭，破除陈规旧俗，反对铺张浪费，反对大操大办。

九、认真贯彻落实计划生育政策，全体村民及外来人员必须遵守计划生育有关的法律、法规。

十、村内建房应服从村庄建设规划，不得违反规划私搭乱建或毁坏四邻利益。

以上各条，请全体村民和暂住户遵守执行。

卸粮口村村委员会

河北省秦皇岛市海港区东港镇卸粮口村村规民约

杨庄屯村村规民约

为了建设和谐、文明、富裕的新农村，维护社会稳定，树立良好的民风、村风，传造安居乐业的社会环境，促进经济发展，制定以下村规民约。

一、两委成员、全体党员、村民代表带头，认真学习、宣传、执行国家各项法律和政策，廉洁自律，模范《村规民约》全心全意为民搞好服务。

二、村委必须严格依法办事，及时公开党务、财务、村务接受村监督。

三、红白喜事由红白理事会管理，喜事新办，丧事从俭，破除陈规旧俗，杜绝天价彩礼，反对铺张浪费，反对大操大办。

四、邻里互助，相互守望，不造谣生事搬弄是非，不搞宗派主义，反对家族特权。

五、村民之间应团结有爱和睦相处，不打架斗殴，不酗酒滋事，严禁侮辱诽谤他人，严禁造谣惑众，拨弄是非。

六、要学法、守法遵守社会公德，提倡见义勇为，伸张正义。

七、家庭和睦、尊老爱幼，教育子女，反对家庭暴力。

八、不搞封建迷信活动，远离黄、赌、毒，不参加邪教组织。

九、勤劳致富，合法经营，诚信经营。

十、严禁非法生产、运输、储存危爆物品及易燃物品，禁止燃放烟花爆竹及电子炮。

十一、自觉维护本村声誉，严禁违纪上访，做到家里事，家里办，切实做好村里的和谐稳定。

十二、丰富村民文化生活，鼓励村民成立各种健身文艺队伍，提高村民文化素质。

十三、深入开展文明乡村，美丽乡建设，搞好环境卫生，严禁乱倒垃圾、乱堆杂物乱排污水。

垃圾定点：早上7:00以前，晚上19:00以后把生活垃圾放到垃圾桶。早上7:00以后至晚上19:00以前禁止垃圾出户，乱排污水者不听保洁员和干部劝阻的则罚款500元，重则依法处理。

禁烧秸秆：不准点一把火，不冒一股烟，谁家地里或地头有着火点，如找不到点火人，谁家地谁负责，不听劝阻者罚款500元重则依法处理。

关心、爱护村内残疾人，成立残疾人服务志愿者队伍，对村内残疾人进行相关服务。严禁随意排放生活污水和垃圾随意堆放，杜绝生活污水横流，鼓励原地消纳。

杨庄屯村党支部
杨庄屯村村民委员会

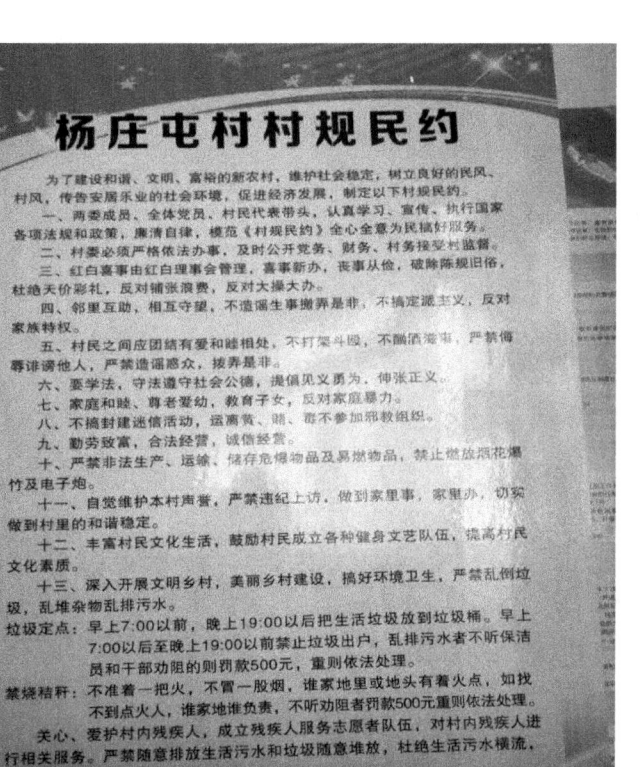

河北省定州市开元镇杨庄屯村村规民约

大寺头村村规民约

为实现乡村振兴目标，树立良好村风民风，经村"两委"会研究，党员和村民代表讨论通过，特制定本村规民约，望全体村民共同遵守。

1. 弘扬社会主义核心价值观。爱国、爱村、爱家、爱业，自觉遵守各种法律法规。
2. 参与人居环境整治。爱护环境卫生，建设文明生态庭院。沿街门店包环境卫生、包立面整洁、包门前秩序。
3. 保护生态环境。保护我们呼吸的空气，保护我们饮用的水源，保护我们赖以生存的土壤。
4. 保护自然资源。切实保护耕地红线，杜绝占用基本农田，未经批准不得占用土地搞建设，严禁非法采砂采矿。积极配合有关部门，自觉拆除违法违规建筑。
5. 创建和谐社会关系。切实提高法治意识，自觉学法、知法、守法、用法，自觉维护社会秩序和公共安全，不阻碍公务人员执行公务。
6. 自觉遵纪守法。提倡勤劳致富、勤俭持家。做遵纪守法好公民。
7. 主动移风易俗。提倡婚事新办、丧事简办，严格按村红白理事会章程操办，反对铺张浪费、大操大办。
8. 传承良好家风家教。孝老爱亲、家庭和睦。自觉履行赡养老人和抚养子女的义务。尊师重教，积极参加文化体育活动。
9. 模范遵守社会公德。爱护公共财产，不得损害公共设施。诚信经营，诚实做人。
10. 自觉弘扬传统美德。倡导文明新风，弘扬"奉献、友爱、互助、进步"志愿服务精神，做到邻里团结、守望相助、扶贫助残。

违约处理：违反本村规民约的，除违反政策、触犯法律由相关部门依法处罚和处理外，村民委员会可作出如下处理：①予以批评教育，责令改正；②责令其恢复原状或作价赔偿；③写出悔过书，用本村喇叭或LED屏进行通报；④取消该户享受相关惠农政策的资格。

附则：①非本村户籍的外来人员在本村居住的，参照执行本村规民约。②本村规民约如有与国家法律、法规、政策相抵触的，按国家法律、法规、政策规定执行。

河北省定州市长安路大寺头村村规民约

目　　录

第一章　绪论 ···001
　　一、研究背景及意义 ···001
　　二、国内外研究现状 ···003
　　三、研究思路和研究方法 ···004
　　四、研究内容 ···005

第二章　乡规民约基本理论问题探析 ·····································007
　第一节　乡规民约的内涵 ··007
　　一、何为乡规民约 ··007
　　二、乡规民约的性质与特征 ···020
　第二节　乡规民约的历史沿革 ···032
　　一、传统乡规民约的发展 ···032
　　二、当代乡规民约的发展 ···059
　第三节　乡规民约的效力渊源 ···065
　　一、传统乡规民约的效力渊源 ······································065
　　二、传统乡规民约对当代乡规民约效力生成的启示 ······071

第三章　乡村振兴战略的实施与乡规民约 ·····························074
　第一节　乡村振兴战略概述 ··074
　　一、乡村振兴战略的提出 ···074

  二、乡村振兴战略的内涵 …………………………………… 078
  三、乡村振兴战略实施的意义 ……………………………… 088
  四、乡村振兴战略的实施与成效 …………………………… 092
 第二节 乡规民约与乡村振兴的契合与互动 ………………… 097
  一、乡规民约是实现乡村有效治理的制度保障 …………… 098
  二、乡规民约引领乡风文明 ………………………………… 106
  三、乡规民约有助于打造生态宜居的美丽乡村 …………… 109
  四、乡规民约助力当地经济发展 …………………………… 111

第四章 当代乡规民约的建设现状——以河北省为例 …… 113

 第一节 河北省乡规民约实施概况 …………………………… 113
 第二节 乡规民约的文本分析 ………………………………… 115
  一、乡规民约的形式 ………………………………………… 116
  二、乡规民约的内容分析 …………………………………… 121
 第三节 乡规民约在乡村治理中的实践成果 ………………… 128
  一、涵养文明乡风，共建和谐乡村 ………………………… 128
  二、整改人居环境，打造美丽乡村 ………………………… 131
  三、促进乡村民主自治，化解乡民矛盾 …………………… 133
  四、国家司法行政机关助力乡规民约的发展 ……………… 135
 第四节 乡规民约建设实施过程中存在的问题 ……………… 138
  一、乡规民约的制定程序缺乏民主参与 …………………… 138
  二、乡规民约缺乏系统、规范的形式 ……………………… 140
  三、乡规民约内容难以适应新农村建设的需要 …………… 142
  四、乡规民约执行乏力 ……………………………………… 147
  五、乡规民约备案和监督机制缺位 ………………………… 148
 第五节 乡规民约建设过程中存在问题探源 ………………… 149
  一、乡村社会流动性增强 …………………………………… 149
  二、乡村的经济基础发生了转变 …………………………… 152

三、基层党组织建设薄弱 ······ 153
　　四、新乡贤阶层流失严重 ······ 154
　　五、乡规民约的发展缺乏顶层设计 ······ 155
　　六、村民民主法治意识薄弱 ······ 157

第五章　完善乡规民约的对策思考 ······ 161
第一节　加强基层党组织建设 ······ 161
　　一、优化基层党员队伍，完善基层党建政策体系 ······ 161
　　二、探索党建引领基层治理创新机制 ······ 162
　　三、健全村党支部考核机制 ······ 163
第二节　积极培育乡贤组织 ······ 164
　　一、新乡贤在乡村治理中的作用 ······ 164
　　二、新乡贤组织的培育路径 ······ 166
第三节　加强国家立法对乡规民约的扶持 ······ 167
　　一、正确认识乡规民约与国家法的关系 ······ 167
　　二、完善国家立法对乡规民约的顶层设计 ······ 168
　　三、强化地方立法对乡规民约的扶持 ······ 169
第四节　乡规民约的自我重塑 ······ 170
　　一、地方优良传统与社会主义核心价值观结合，引领乡风文明　170
　　二、乡规民约和地方特色产业相结合，助力农村产业振兴 ······ 171
　　三、立足乡民社会，加强乡民自治 ······ 173
　　四、加强乡规民约的法治功能 ······ 174

参考文献 ······ 176

后记 ······ 180

第一章 绪 论

一、研究背景及意义

（一）研究背景

乡规民约是乡村特定地域的内生规则，它源于乡民们长期生产、生活积淀的习惯，由乡民们通过契约的形式将其制度化，形成规约。乡规民约的推行并非依靠国家强制力，而是靠村民自觉遵守与维护，由当地形成的舆论评价机制进行监督。与国家法不同，一是，乡规民约的效力具有局限性，只在乡里发生效力，不具有国家法的普遍性。二是，乡规民约是村民在协商一致的基础上达成的契约，是村民自治的产物，不代表国家意志。尽管到了明清时期，部分乡约带有了半官方的色彩，但是就其主流而言，契约始终是其最突出的特征。三是，乡规民约在执行过程中，更多是靠村民自觉遵守与维护，而不是靠国家公权力推行。就是这样一种民间规约，在中国历史上长期与国家法并存，对于稳定乡村秩序、维护政权的稳定起着关键性的作用。新中国成立后相当长一段时间，乡规民约作为一种显性的制度淡出乡村社会。20世纪80年代，党和国家在总结新中国成立以来的农村治理经验与教训的基础上，建立村民委员会自治组织，在农村实行基层群众自治，强调村民要依靠乡规民约自己管理自己的事情。乡规民约重新登上国家治理的舞台。1998年出台的《村民委员会组织法》第二十七条规定，村民会议可以制定和修改村规民约，使得乡规民约有了法律依据。党的十八大以来，基层社会治理备受重视，随着"推进多层次多领域依法治理""健全自治、法治、德治相结合的乡村治理体系，构建共建共治共享的社会治理格局"等一系列方针与政策的提出，乡规民约在当代基层治理体系中扮演着越来越重要的角色。但是在推行过程中，乡规民约更多地停留在宣传层面，并未形成和国家法相衔接的社会共治模式。因此，在新农村建设中，如何重塑乡规民约，使其成为基层治理的重要制度供给，是提升国家基层治理能力、实现乡村振兴的关键。

（二）研究意义

1. 为乡村振兴战略的实施提供理论借鉴

乡村治理是国家治理体系的基础，2018年中共中央、国务院印发的《乡村振兴战略规划（2018—2022年）》和2019年中共中央办公厅、国务院办公厅印发的《关于加强和改进乡村治理的指导意见》为乡村治理指明了方向：建立健全党委领导、政府负责、社会协同、公众参与、法治保障、科技支撑的现代乡村社会治理体制，以自治增活力、以法治强保障、以德治扬正气，健全党组织领导的自治、法治、德治相结合的乡村治理体系，构建共建、共治、共享的社会治理格局。在社会共治的语境下，乡规民约就显得尤为重要，它是连接自治、法治和德治的纽带。乡规民约由村民广泛参与，民主协商制定，调整的是村民日常的社会行为和社会事务，其本身就是村民自治的产物，形成后又是村民自治的重要依据。同时，乡规民约作为乡村的内生规则，承载着该地域千百年来的传统美德，深入挖掘乡规民约所蕴含的道德规范，建立道德激励约束机制，对于引导农民向上向善、孝老爱亲，深入推进移风易俗，创建文明乡风具有重要意义。乡规民约也是推进乡村民主法治建设的重要手段，村民对于乡规民约有着高度的情感认同，如果将国家法的内容以乡规民约的形式体现出来，能够减少国家法与村民的距离感，对于实现依法治村及依法治国的总体战略具有重要意义。因此乡规民约是农村自治、法治、德治相结合，构建共建、共治、共享社会治理新格局的主要制度资源，是构建基层治理新格局的制度平台，是丰富和完善国家治理制度体系不可或缺的内容。

2. 弘扬优秀传统文化，提升文化自信

党的十八大以来，习近平总书记曾在多个场合提到文化自信，传递出他的文化情怀。"增强文化自觉和文化自信，是坚定道路自信、理论自信、制度自信的题中应有之义。""中国有坚定的道路自信、理论自信、制度自信，其

本质是建立在5000多年文明传承基础上的文化自信。"我们的文化自信源于5000多年的文明史所孕育的优秀的传统文化，它承载着中华民族最深层的价值追求和最丰富的道德规范。无论是创新国家治理体系和治理能力，还是实施乡村振兴战略，都应当坚定文化自信，弘扬中华优秀传统文化，深挖其蕴含的优秀思想和道德规范。乡规民约则是传统美德重要的传承和代表。乡规民约源于《周礼》中的"乡饮酒礼"，因此乡约的内容自然浸润着礼教的精神，从南宋的《吕氏乡约》到明代的《南赣乡约》，再到清代文斗村的《六禁碑》，无一不是以道德教化、敦厚风俗为核心。《吕氏乡约》中提出："德业相劝，过失相规，礼俗相交，患难相恤。"既包括个人的道德修养，也包括人与人交往的道德引导。特别是"患难相恤"，杨开道先生在《中国乡约制度》中给予了高度的评价，认为这是乡约中最完美、最整齐的一章，它产生于原始互助情感，但又以成文法的形式消解了原始互助的散漫，同时保存原始互助的精神内核，摒弃了当代经济合作的功利性，把出入相友、守望相助、疾病相扶持的传统美德通过乡约的形式世代相传。王阳明在《南赣乡约》中也提出"死丧相助、患难相恤、善相劝勉、恶相告戒、息讼罢争、讲信修睦，务为良善之民，共成仁厚之俗"，希望通过乡约引导人们团结互助，以此营造良好的社会风俗。当代乡规民约应当致力于将这些传统道德成文化、制度化，并和当代社会生活相衔接，发挥传统道德在移风易俗、引领乡风文明中的重要作用，同时新时代的乡规民约还应当把社会主义核心价值观融入其中，利用自身的亲民性将社会主义核心价值观转化为乡民的内心信仰。综上，乡规民约在道德培育、文化传承中起着承上启下、继往开来的作用，丰富和完善乡规民约既是树立文化自信的精神支撑，也是中华民族文化自信的重要体现。

二、国内外研究现状

从课题组搜集的文献来看，国外学术界对中国的乡规民约并未展开专门、系统的讨论。但国内学术界对乡规民约的研究由来已久，最早可以追溯到民国时期杨开道先生的《中国乡约制度》。当前，学界已经有很多学者对传统乡规民约进行了深入研究，从不同角度对传统乡规民约的价值进行挖掘，为当代乡规民约的重塑提供了丰富的借鉴。金根对《南赣乡约》的文本内容、组织特征和权威来源以及作用机制进行分析后，指出《南赣乡约》之所以能在当时起到稳定社会秩序的作用，是因为乡约组织为村民参与乡约事务提供了一定的制度化途径；进而指出当代乡规民约最重要的是建立村民对乡规民约的政治认同，使广大村民真正参与到乡村自治中来。刘志松特别强调乡规民约的道德教化功能，他以《吕氏乡约》为例，指出宋代乡约非常注重道德教化的内化，矛盾纠纷的解决多运用道德教化的柔性手段，使很多矛盾都在司法程序外得到解决；进而指出当代乡规民约建设要重视社会主义核心价值观和传统美德的发挥，发展诉外多元纠纷解决模式。党晓虹对传统乡规民约的制定主体进行分析，指出传统乡规民约是在乡村精英、国家政权和农民三方力量博弈和互动中发展的，当代乡规民约要保证三者之间的良性互动和正确的角色分配。汪世荣从制度供给的角度对"枫桥经验"进行分析，指出乡规民约作为成文的社会规范，是基层社会治理的主要依据，并对乡规民约的内容、效力和实施提出完善建议。学者的著述将传统乡治经验发扬光大，为当代乡规民约的制定与完善提供了丰富的理论资源，也为本书的研究奠定了基础。

国内学术界对乡规民约的研究已经达到了一定的深度和广度，为后续研究奠定了扎实的基础，但仍然有探讨的空间：一是研究静态化，把乡规民约只作为纸面上的制度，而没有作为动态的实践形态研究；二是研究碎片化，缺乏对乡规民约的系统化研究，特别是乡规民约的调整范围，对乡规民约与国家法的关系缺乏系统分析。

三、研究思路和研究方法

（一）研究思路

本课题从党的十九大报告中提出的乡村振兴战略，建立健全自治、法治、德治相结合的乡村治理体系入手，以乡规民约这一传承千年的民间法规为研究对象，通过对乡规民约历史变迁的梳理和其法律性质的分析，深入挖掘乡规民约与当代乡村治理和乡村振兴的契合点，指出乡规民约是任何时代乡村治理不可或缺的手段。在此基础上通过实地调研和文献搜索，初步了解了河北省乡规民约的实施情况，提出要从乡规民约的制定、实施、监督等方面采取一系列措施实现乡规民约的系统化、制度化，同时注意乡规民约和国家法的兼容性。

（二）研究方法

1. 文献检索法

课题组针对乡村民主治理，充分查阅书籍、期刊、电子数据等资料，搜集了几百篇高质量的论文和十几部专著，通过分析和梳理相关文献材料，归纳和筛选出具有重要研究意义、指导意义及参考价值的文献，从中寻找到乡村民主治理的逻辑起点。

2. 历史研究法

本课题在研究过程中研读了大量古代乡治的文章，充分挖掘古代政治经验。通过将传统乡规民约与当代乡规民约进行比较，全面系统地分析当代乡规民约的运作环境及条件，在此基础上探讨当前乡规民约的作用机制以及未来的发展趋向。

3. 实证研究法

深入乡村调研，掌握乡村民主治理的第一手资料，并结合学者们对乡村民主治理现状的调查结果，对我国现阶段乡村民主治理现状及困境进行分析，提出乡村民主治理的可行性对策建议。

四、研究内容

本书共分为五章。第一章是绪论。第二章介绍乡规民约的基本理论。包括对乡规民约含义的探讨与分析、乡规民约的历史沿革和乡规民约的效力渊源，使读者了解乡规民约这一社会规范的发展历史和作用机制。通过对这些方面的阐述，树立乡规民约的立体形象，为后续乡规民约在乡村振兴中发挥作用作铺垫。第三章介绍乡规民约和乡村振兴战略实施的契合与互动。指出乡规民约对于实现乡村有效治理、引领乡村文明、打造生态宜居的美丽乡村具有重要意义。第四章以河北省乡规民约的建设现状为例，搜集了 50 余份乡规民约的文本，从形式与内容上对文本进行分析；对河北省境内乡规民约优秀实践成果进行了整理，从文本和实践两个层面阐释乡规民约在新农村建设中的发展与成就，说明乡规民约的建设与乡村振兴战略的实施密不可分；指出了乡规民约建设过程中存在的不容忽视的问题：乡规民约的制定程序缺乏民主参与，乡规民约缺乏系统、规范的形式，乡规民约的内容难以适应新农村建设的需要，乡规民约缺乏常态化的执行监督机制。第五章探讨了乡规民约的完善路径，运用普遍联系的方法论，从乡规民约的领导主体、制定实施主体、国家法的扶植三个方面为乡规民约的制定和发展营造良好的社会环境，最后以"三治融合"为背景，探讨乡规民约自身的重塑与完善。

第二章 乡规民约基本理论问题探析

第一节 乡规民约的内涵

一、何为乡规民约

"乡规民约"作为重要的基层社会治理规范，古往今来一直存在，但是何为乡规民约，官方从未作出正式的解释。古代社会并没有"乡规民约"的称谓，这种地域性社会规范往往被称为"乡约""乡仪""乡礼""禁约""公约"等，如《吕氏乡约》《泰泉乡礼》《六禁碑》等。"乡规民约"一词是在新中国成立之后出现的，并且称谓并不统一，"乡规民约"和"村规民约"两种称谓并存。1988 年 6 月 1 日实施的《村民委员会组织法（试行）》中第一次出现了"村规民约"[①]，1998 年修订的《村民委员会组织法》中继续保留了"村规民约"，同时增加了"村民自治章程"，并将其与村规民约一起作为村民自治规范。之后，"村规民约"就成为当代乡村自治规范的代名词出现在各种政策法规中。如 2018 年，民政部等七部委联合发布的《关于做好村规民约和居民公约工作的指导意见》，中共中央、国务院印发的《乡村振兴战略规划（2018—2022 年）》，2019 年中共中央、国务院颁发的《新时代公民道德建设实施纲要》，2021 年 4 月通过的《乡村振兴促进法》，均使用"村规民约"

---

① 《中华人民共和国村民委员会组织法（试行）》第十六条规定：村规民约由村民会议讨论制定，报乡、民族乡、镇的人民政府备案，由村民委员会监督、执行。这是法律层面第一次对村民自治规范命名。

的称谓[①]。但是"村规民约"并不是法定的称谓，在学术领域，很多学者使用"乡规民约"一词。在国家政策法规的制定上，也出现"乡规民约"的称谓。2014年，党的十八届四中全会公报在阐述"推进多层次多领域依法治理"一节中，指出"发挥市民公约、乡规民约、行业规章、团体章程等社会规范在社会治理中的积极作用"。2021年3月11日，十三届全国人大四次会议审议通过了《关于国民经济和社会发展第十四个五年规划和二〇三五年远景目标纲要》，在第四节"持续提升公民文明素养"中指出："完善市民公约、乡规民约、学生守则、团体章程等社会规范，建立惩戒失德行为机制。"根据中国知网的检索，从1982年至今，以"乡规民约"为主题的学术期刊共有579篇，学位论文共有69篇，以"村规民约"为主体的学术期刊共有1468篇，学位论文共有201篇。从国家出台的政策法规来看，"乡规民约"和"村规民约"两种称谓是通用的，没有本质区别。因为古代对这种民间规约多称为"乡约"，从社会规范发展的连续性方面考虑，本书采用"乡规民约"的称谓。国家政策法规中虽然屡次提到乡规民约，并将其作为乡村治理的重要抓手，但是对于乡规民约的含义、法律性质、调整范围、效力等都未作明确的界定。顶层设计的缺失使乡规民约在国家治理体系中始终是一个模糊的概念，处于一种不确定的状态，因此，导致学术界对乡规民约含义的探讨呈现"百家争鸣"的局面。

（一）学术界对"乡规民约"含义的探讨

学术界对乡规民约含义的探讨主要围绕三个方面展开：乡规民约的性质、乡规民约的内容和乡规民约的形式。在每一个方面，不同的学者又有不同的观点。

最有代表性、影响最大的观点就是"民约说"。"民约说"即指乡规民约是特定地域范围内的主体，通过协议的方式，共同制定的自治规约，其性质

[①] 中共中央、国务院印发的《乡村振兴战略规划（2018—2022年）》规定，充分发挥自治章程、村规民约在农村基层治理中的独特功能，弘扬公序良俗。《新时代公民道德建设实施纲要》规定，充分发挥村规民约、道德评议会、红白理事会等作用，破除铺张浪费、薄养厚葬、人情攀比等不良习俗。《乡村振兴促进法》第三十条规定，发挥村规民约的积极作用，培育文明乡风、良好家风和淳朴民风。

是村民契约。"民约说"最具代表性的学者是杨开道先生,杨开道先生在《中国乡约制度》中将"乡约"界定为"乡约制度是由士人阶级提倡,乡村人民的合作,在道德方面、教化方面去裁制社会的行为,谋求大众的利益"[①]。杨开道先生认为乡约制度是一个"破天荒"的制度,是因为旧中国几千年来,人民始终处于被统治的地位,士人阶层为政府服务,统治人民。而乡约制度的诞生,则代表着部分士人阶层放弃了政治舞台,和人民打成一片,并制定了自我管理的制度。乡约制度可以说打破了中国的治人传统,奠定了民治基础。杨开道先生盛赞北宋的《吕氏乡约》,称其为"中华民族破天荒的第一次民约",[②]就是因为《吕氏乡约》排除了古代政府的干涉,由人民主持、人民起草,培养了人民自治的精神。"乡村是人民的乡村,社会是人民的社会,大家有了了解,大家有了契约,才能办理乡村事业。"[③]对于历史上另一个著名的乡约,王阳明的《南赣乡约》,杨开道更多的是持批评态度,一个重要的原因就是《南赣乡约》是由政府主持制定的,人民出于被动服从的地位,乡约成为政府的工具,背离了民治的精神。杨开道先生的观点对后世影响深远,后世很多学者都传承了这一思想,将"村民契约"作为乡规民约的一个核心要义。如卞利在研究明清时期徽州地区的民间规约时,认为"乡规民约是指在某一特定乡村地域范围内,由一定组织、人群共同商议制定的某一地域组织或人群在一定时间内共同遵守的自我管理、自我服务、自我约束的共同规则"[④]。黄珺认为:"凡在国家体系之外的,由当地社会成员共同冶定、共同遵守的,调整本地区社会成员社会关系的一系列行为规范(准则),都属于乡规民约的范畴。"[⑤]党晓虹认为:"乡规民约是由某一特定乡村地域范围内的组织或者人群共同商议制定的、以书面文字或者口头约定为主要传载方式的、用来维持乡村社会生产生活秩序的、具有一定权威性的内部公共行为规范。"[⑥]《中国大百科全书》将乡规民约定义为:"'中国基层社会组织中社会成员'共同制定

[①] 杨开道. 中国乡约制度 [M]. 北京:商务印书馆,2015:27.
[②] 杨开道. 中国乡约制度 [M]. 北京:商务印书馆,2015:81.
[③] 杨开道. 中国乡约制度 [M]. 北京:商务印书馆,2015:71.
[④] 卞利. 明清徽州地区乡(村)规民约论纲 [J]. 中国农史,2003(4):97-104.
[⑤] 黄珺. 云南乡规民约大观(上)[M]. 昆明:云南美术出版社,2010.
[⑥] 党晓虹. 中国传统乡规民约研究 [D]. 咸阳:西北农林科技大学,2011.

的一种社会行为规范。"

除了"民约说",还有一种观点认为乡规民约兼具契约性和国家意志性。这种观点认为乡规民约是自治规范,不能和国家法相抵触,应作为国家法的补充规范存在。崔智友认为:"乡规民约是自治体根据国家法律对其授权而制定的、针对自治体内部各种公共事务和公益事业管理的具体行为准则。自治行为规范是根据法律授权而创制的,因此,它不得违反法律法规以及国家政策,这是不言自明的。"[①]齐飞在其博士论文《国家治理体系中的乡规民约》提到了学界关于乡规民约的含义存在"民约说"和"国家意志说"两种观点,他认为"民约说""国家意志说"都在一定程度上揭示了乡规民约的本质内涵,具有一定的合理性,但这两种观点在强调村民或者国家的作用时各执一端,割裂了农村与国家的统一关系。他认为在国家治理的视野下,二者是统一的。基于此,齐飞提出乡规民约是为实现农村善治的目标,在国家权力引导和社会权力广泛参与的条件下,村庄共同体成员在民主法治框架内根据传统习俗制定的,以规范村民组织权力运作和调整村庄成员的权利义务为核心,以村庄共同体权威保障实施的软法规范。[②]

第三种观点认为乡规民约本身就是国家法律的一部分,强调其公权力色彩。张文中认为乡规民约是由一定的社会组织和部分群众代表民主讨论制定的,但同时乡规民约又是基层政府制定和发布的,属于抽象的行政行为,乡规民约这一规范形式属于我国行政法体系以外的规范性文件。梁治平认为乡规民约是"为了规范村级治理的各项具体活动,根据国家法律法规,吸收传统文化中的合理成分,由村级公共权力机构通过民主方式制定的各种层次的规章制度的总和"[③]。

(二)乡规民约含义分析

通过对不同观点的分析可以看出,学者对"乡规民约"含义的分歧主要源于乡规民约和国家法的关系。"民约论"认为乡规民约是完全的村民自治

---

① 崔智友.中国村民自治的法学思考[J].中国社会科学,2001(4):138.
② 齐飞.国家治理体系中的乡规民约[D].北京:中共中央党校,2015.
③ 梁治平.乡土社会中的法律与秩序[M].桂林:广西师范大学出版社,2013:63.

的产物，鲜受国家法的干预；第三种观点和"民约论"正好相反，认为乡规民约是基层公权力的产物，是国家制定法的一部分，我们姑且将其称为"国法说"；第二种认为乡规民约兼具"契约性"和"国家意志性"，可以称其为"折中说"。本书倾向于"折中说"，认为"契约性"是乡规民约最本质、最主要的属性。乡规民约在发展过程中和国家法相联系，不可避免地带有国家意志，但是乡规民约不属于国家法，并非国家公权力的产物。

首先，从乡规民约的产生、发展历程来看，乡规民约始终是独立于国家法之外的社会规范。在传统社会中，国家法的基本形式是"律"，除此之外还有"令""格""式""编敕""条例"和"则例"等，但是始终未包括乡规民约。学界通说认为乡规民约起源于《周礼》，《周礼》在传统法治中占有什么地位呢？众所周知，"礼法结合"是我国传统法治的独有特征，也就是我国的传统法治体系是由国家制定法和习惯法的"礼"共同构成。《周礼》是礼治的重要制度文献，和《仪礼》《礼记》并称为"三礼"，由此可见乡规民约的发端和国家法没有直接联系。《吕氏乡约》是第一部以"乡约"命名的成文乡约，是由乡绅吕氏兄弟首倡制定的，是古代乡村自治的典范。虽然到了明清时期，乡约普遍受到国家行政权力的干涉，但是其制定程序仍然是由乡绅首倡，乡民合意而成，而且相当一部分乡规民约仍保持较强的独立性和自治性。比如清代南方少数民族聚居的地区存在的大量乡规民约，完全是由宗族长率领村民制定的，和政府没有直接关系。比如贵州省黔东南苗族侗族自治州锦屏县文斗村在清代是国家的木材生产基地，伴随着林木经济繁荣，也出现了滥伐树木等破坏生态环境的行为和诸多的林界纠纷。清廷虽然制定了相关的文告或法规整顿林木交易市场，但由于这类文告和规则严重脱离苗民生产、生活的实际情况，不仅收效甚微，还激化了社会矛盾，引发苗民的不满甚至起义。在这种情况下，文斗村人在族长的带领下通过勒石立碑、订立契约的方式制定了大量的"乡规民约"，有效地维护了当地林木经济的健康有序发展，也使保护环境，植树造林为优良传统，世代相传。学者卞利收集了300余通明清徽州的森林保护碑刻，这些"乡规民约"一般先由所在地村落及其宗族主要成员集议，形成详细的书面文字材料，然后报请当地县及县级以上官府（以县正堂审批为主）审批。①虽然最后是以官府的名义颁布，但是清朝制定法中从未有过乡规民约这种形式的法律，只能说清代乡规民约和国家法的衔接日益紧密。

其次，从当代立法状况分析，《立法法》中规定了法律、行政法规、地方性法规、自治条例和单行条例的法律效力，并没有提到乡规民约。乡规民约出现在《村民委员会组织法》中，第二十七条规定村民会议可以制定和修改村民自治章程、村规民约。这也说明即使在当代，乡规民约也是国家法之外的一种社会规范。正如张中秋先生所言，中国传统社会秩序存在"二元"秩序：一是指由国法所确立的至高无上、一统天下的社会大秩序；二是指由家法、族规、乡约、帮规、行规等民间法所确立的各种社会小秩序。二者是主从关系，整体社会秩序由以国法为主的大秩序和以民间法为从的小秩序二元构成。②党的十八届四中全会公报提出，深入推进基层组织和部门、行业等多领域依法治理，支持各类社会主体自我约束、自我管理，发挥市民公约、乡规民约、行业规章、团体章程等社会规范在社会治理中的积极作用。这也说明当代社会主义法治体系也存在"二元"社会秩序：自上而下推行的由国家法确立的大秩序和在国家法顾及不到的领域，为了弥补国家法的不足，由乡规民约、居民公约、行业章程等确立的小秩序。

乡规民约和国家法虽然属于不同的社会规范，但是在发展过程中并非泾渭分明、互不相通。古代乡约在发展过程中一直寻求着国家法的支持，并且也正是由于国家法的支持，乡规民约才得以更大规模地发展。因此乡规民约虽然独立于国家法之外，但是并未和国家法完全断裂，反而在其发展过程中积极寻求与国家法的融通和对接，比如很多乡规民约都规定严重的违约行为会"送官治罪"，如贵州省锦屏县文斗村的《六禁碑》中第五条禁令："不许赶瘟猪牛进寨，恐有不法之徒宰杀，不遵禁者，送官治罪。"这说明官方对《六禁碑》的禁令是认可和支持的，并且为禁令的实施提供保障。云南省剑川县金华山麓设立于清乾隆四十年（1775年）的保护公山碑中也有类似规定，"剑西老君山为全滇山祖，安容任意侵踏。如敢私占公山及任意砍伐、过

---

① 卞利.明清时期徽州森林保护碑刻初探[J].中国历史，2003（2）：111.
② 张中秋.乡约的诸属性及其文化原理认识[J].南京大学学报，2004（5）：51-57.

界侵踏等弊,许看山人等扭禀"①。梁治平在《清代习惯法:社会与国家》中指出,"习惯法具有一种看似矛盾的双重性。一方面,它是民间的自发秩序,是在'国家'以外生长起来的制度。另一方面它又以这样那样的方式与国家法发生联系,且广泛为官府认可和依赖"②。在当代,《村民委员会组织法》在规定村民会议可以制定乡规民约的同时,也规定乡规民约需要报乡、民族乡、镇人民政府备案,并且不得与宪法、法律、法规和国家的政策相抵触。党的十九届四中全会《决定》提出,健全党组织领导的自治、法治、德治相结合的城乡基层治理体系,乡规民约需要与国家法有机衔接、良性互动,共同构建"三治融合"的农村治理新格局。

综上,乡规民约的含义可以概括为在特定的村域范围内,由村民依照国家法律、法规,结合当地的伦理道德和风俗习惯,在民主协商的基础上形成有关乡村公共事业管理、集体经济发展、民主法治建设、善良风俗的培育等综合性的独立于国家法之外的乡村内生型规范。其中包含空间要素,即"村"。"村"指村子、村落。古代村落往往是基于血缘关系而形成的自然村,可谓"聚族成乡"。现代社会中的"村"既包括自然村,也包括行政建制村。内容要素,即"规""约"。《说文》中"规"解释为:"有法度也,从夫,从见","约,缠束也"③。"规""约"合在一起,指的是人们就某一事项,经过相互协商确定下来,大家共同遵守的行为规范。这些规范是内生型规范,不是外加的,是乡里百姓从实际生活的需要出发,通过相互协商的方式订立的,因此称为"乡规民约"。传统乡规民约的"规约"以宗法礼教为指导,通过伦理教化及相应惩罚机制的约束,劝善惩恶;当代"规约"除了传承优秀的传统道德外,还增加了民主管理和经济发展。④

需要特别说明的是,本书所指的传统的乡规民约是宗族或者乡绅首倡的,面向全体乡民的乡约;当代乡规民约是以村民会议为主体或者以村民委员会

---

① 佟宝山.西南少数民族传统文化中的生态环保观[J].辽宁大学学报(哲学社会科学版),2007(6):100-103.
② 梁治平.清代习惯法:社会与国家[M].北京:商务印书馆,2015.
③ 许慎.说文解字[M].北京:中华书局,1963:216,272.
④ 陈永蓉,李江华.乡村振兴战略背景下村规民约建设路径研究[M].武汉:武汉大学出版社,2018:22-23.

为主体,制定的明确冠以"村规民约"或"村规民约"的自治规范。农村其他组织,比如针对某部分群体或某些领域而成立的经济组织、公益组织、政治组织、宗教组织等所订立的章程、规范不在本书的研究范围之内。

(三)"乡规民约"和相关概念的辨析

1."乡规民约""乡约"与"乡规"

对于三者区别的探讨是在传统社会的背景下进行的,因为在传统社会,乡规民约有着诸多称谓,内涵比当代乡规民约丰富得多。董建辉认为"乡规民约"与"乡约"是两个不同的概念,在其著作《明清乡约:理论演进与实践》中认为"乡规民约"是文本形式,是基层社会成员共同制定出来供大家共同遵守的行为规范;而"乡约"是乡村社会中以教化为主要目的的民间基层组织。"乡规民约"比较简单,既没有定期的聚会、固定的活动场所,也没有烦琐的读约仪式,更没有一整套的组织机构,通常在规约制定出来并公之于众后,由该组织的成员共同遵照执行。而"乡约"是"乡规民约"发展到一定阶段的产物,是制度化的组织形式,有一整套组织机构,比如最早的《吕氏乡约》是约正一至两人,直月一人。"乡约"有定期的聚会,有比较固定的活动场所,有读约仪式。所以董建辉认为"乡约"应当是一套动态乡村治理体系,而"乡规民约"则是静态的民间规约。刘笃才在《中国古代民间规约引论》中则提出"乡规"和"乡约"的不同。文中提到,清代"乡约"是官方体制下的一种正式的制度,是一种宣讲圣谕和法制的活动,并作为农村基层头领的称号;而"乡规"是村落居民集体讨论制定的民间规约。并举例证明一些地方碑文大部分题作"乡规",如"石岩头村乡规碑""公议乡规石碑""万承土州冯庄潭邑两村村规碑"等。因此刘笃才认为清代以后,"乡规"才属于乡规民约,而"乡约"则属于国家法的范畴,其内容演变为圣谕的宣讲。关于学者的观点,本书予以尊重。因为在传统社会中,乡规民约历经千年的演变,其形式和内涵在不同时期必然会有不同的变化,学者在丰富的史料中对其进行文义分析存在分歧是必然的。不过本书认为,"乡规民约"与"乡约"在制度层面没有本质的区别。"乡约"顾名思义,就是以乡民为对象的规约,而历史上也本来就没有"乡规民约"的称谓。董建辉认为"乡约"

有一整套组织机构，这是从乡规民约执行层面论述的，只是角度不同，并不是"乡约"和"乡规民约"的不同之处。而且乡规民约在发展过程中自身也在不断地丰富，发展到一定阶段，必然会出现较为完善的执行组织，正如董建辉所说，"乡约"是"乡规民约"发展到一定历史阶段的产物，二者是一种传承关系，不能因为传承发展就成为两种不同的社会事物。对于"乡规"与"乡约"的区别，也并非绝对。的确有很多"乡约"成为宣讲圣谕的工具，比如清咸丰五年（1855年）的《江苏常州府江阴县乡约局规》第一条就明确"乡约"的内容首先是圣谕广训直解，后面附有江阴县正堂陈示："宣解圣谕，化导民风，绅耆士庶，一体遵从。"《常熟、昭文县乡约规条式》规定："每逢朔望……行三跪九叩礼，宣讲圣谕广训，席地听讲。"①但是也有很多"乡约"并非完全是圣谕的内容，主要内容依然是乡民约定。如长乐县《长乐梅花里乡约》，据《长乐梅花志》载：

明末清初，梅花城居住有43个姓氏人家，存在着人事纠纷与人为矛盾，邻里不睦，大姓欺小姓，大家望族作威作福，小姓寒门畏首畏尾，间有奸顽好利之徒或诡计挑唆或横行咊诈或藐视洽比等。有感于此，乡人士池春雷、刘占梅等7人倡导公建乡约所，并订乡约二十二条，同吴、张、周、黄、胡等各姓尊长，朔望集诸子弟，圣谕广训，申明乡规条约，时县令王展谦并同教谕陈元机常亲临乡约所宣讲乡约。②

根据长乐县《县志》记载，该乡约的制定首倡者是当地士绅，并非官府，其内容主要是规范当地宗族间关系，维护宗法伦理秩序，和带有普遍性的国家法有着根本不同。虽然也提到圣谕广训，申明乡约，并由县令亲临宣讲，只能说明当时乡约和国家法的关系密切，但是乡约并不能等同于国家法。此外，"乡规"中亦有国法的影子，如上文提到的"万承土州冯庄潭邑两村村规碑"中就有"乡规者，亦国法之助也"。因此本书认为刻意区分"乡约""乡规"与"乡规民约"意义并不大，乡规民约在漫长的历史发展过程中其名称、内容不

---

① 牛铭实. 中国历代乡规民约[M]. 北京：中国社会出版社，2015.
② 梅花乡约所[EB/OL].[2017-06-06]. https://www.sohu.com/a/146586518_349458.

断发生变化是很自然的事情，无须刻意区分。在当代，无论学者研究和还是国家政策法规，都统称为"乡规民约"或者"村规民约"，更无拆分解释的必要。

2."乡规民约"与"村民自治章程"

如果说"乡约""乡规民约"是在传统语境下的探讨，那么在当代语境下，则又存在着"乡规民约"和"村民自治章程"概念上的辨析。张明新认为村民自治章程是村规民约的延续和发展，也是乡规民约的高级形式。他认为村民自治章程是村关于村民自治各种制度的系统化和规范化，属于乡规民约的一种，但却是新时期最完备、最系统、最规范的乡规民约。[①] 罗鹏、王明成也持相同观点，在文章《村规民约的内涵、性质与效力研究》中指出，乡规民约可以定义为村或村民小组，依据法律授权，按照法定程序就村民组织内部事务制定的各种自治规范的总称。并认为，各种规范的总称，其在外延上是广延的，不仅包括乡规民约，也包括自治章程和具有规范性的村民会议的决定。文章指出，虽然从《村民委员会组织法》立法逻辑来看，村民自治章程和乡规民约是并列的，但是就执法部门和司法部门而言，常常是不区分村民自治章程和乡规民约，二者交替使用，且章程中又包括某个具体领域的管理规定。所以村民委员会自治章程应当是乡规民约的一种形式，具有村民自治规范的属性，村民自治章程在本质上也是乡规民约。[②] 但是也有学者持不同观点，郑宝文、姜丹丹在《乡规民约的当代意蕴——基于传统与现实的问题意识思考》中认为"乡规民约"是由"乡规"和"民约"两部分组成。"乡规"是一种自上而下的制度性的规定，体现统治阶级的意志，具有强制力。"民约"是由乡民共同制定并遵守的一种约定，体现民众的意志。虽然也具有约束力，但是它的制定过程是一个相对平等的约定过程。基于此观点，两位学者认为村民自治章程绝对不能等同于乡规民约，它是一种"乡规"，不属于"民约"，因为村民自治章程是根据《村民委员会组织法》制定的，有着严格的程序和步骤。此外，两位学者指出当代国家提倡乡规民约是为了解决道德问题，但是村民自治章程专注于经济问题并不关注道德风尚问题，因此乡规

[①] 张明新.从乡规民约到村民自治章程——乡规民约的嬗变[J].江苏社会科学，2006（4）：173.
[②] 罗鹏，王明成.村规民约的内涵、性质与效力研究[J].社会科学研究，2019（3）：69.

民约和村民自治章程在内容上也有本质的不同。①

本书认为"乡规民约"和"村民自治章程"都属于村民自治规范，但从当前国家制定政策法规的导向来看，不宜把二者等同。因为不仅是《村民委员会组织法》中将"村民自治章程"和"乡规民约"一并列出，2018年1月《关于实施乡村振兴战略的意见》也明确指出，"发挥自治章程、村规民约的积极作用"。2020年4月14日，中央全面依法治国委员会印发的《关于加强法治乡村建设的意见》指出，完善群众参与基层社会治理的制度化渠道，健全充满活力的群众自治制度，引导村民在村党组织的领导下依法制定和完善村民自治章程、村规民约等自治制度。可见当前国家的政策法规将"村民自治章程"和"乡规民约"作为村民自治领域两个独立的制度。2018年12月首次以中央和国家机关有关部门的名义联合出台的关于乡规民约和居民公约工作的全国性指导性文件——《关于做好村规民约和居民公约工作的指导意见》，该《意见》指出乡规民约的名称一般为《××村村规民约》《××社区居民公约》，并不包括"自治章程"。2021年4月出台的《乡村振兴促进法》第三十条规定，要发挥村规民约的积极作用，普及科学知识，推进移风易俗，破除大操大办、铺张浪费等陈规陋习，提倡孝老爱亲、勤俭节约、诚实守信，促进男女平等，创建文明村镇、文明家庭，培育文明乡风、良好家风、淳朴民风，建设文明乡村。这些都说明国家是把"乡规民约"单提出来，作为当前提升基层治理能力的一个重要措施，如果把乡规民约和村民自治章程完全等同，则无法体现乡规民约的重要地位和作用，偏离了国家的治理方针。在乡村治理实践中，"乡规民约"和"村民自治章程"也是分开的。《村民自治章程》规范性更强一些，侧重于民主自治；而乡规民约则侧重于公共事务、公共道德、文明风尚。

"乡规民约"和"村民自治章程"是有着密切联系的两个独立的村民自治制度，有着各自独立的含义、内容。但是在当前的立法环境下，二者的制定程序基本相同，且不得和国家法相抵触。

---

① 郑文宝，姜丹丹. 乡规民约的当代意蕴——基于传统与现实的问题意识思考[J]. 安徽师范大学学报（人文社会科学版），2016（1）：107.

（1）村民自治章程和乡规民约的概念

村民自治章程是村民会议根据国家法律、法规和政策，结合本村的实际情况，制定通过的实行村民自治的综合性规范，也可以说是村民自治中层次最高、结构最完整的一种乡规民约，被形象地称为"小宪法"。村规民约也是村民会议根据国家法律、法规和政策，结合本村的实际情况，讨论制定的某一方面的行为规范。我国宪法规定："国家通过普及理想教育、道德教育、文化教育、纪律和法制教育，通过在城乡不同范围的群众中制定和执行各种守则、公约，加强社会主义精神文明的建设。"村民自治中的"村民自治章程、村规民约"，就是宪法这一规定中"各种守则、公约"的具体形式。2020年《中共中央关于农业和农村工作若干重大问题的决定》中指出，要"全面推进村级民主管理。依据党的方针政策和国家的法律法规，结合本地实际，全体村民讨论制定村民自治章程和村规民约，把村民的权利和义务，村级各类组织之间的关系和工作程序，以及经济管理、社会治安、村风民俗、婚姻家庭、计划生育等方面的要求，规定得明明白白，加强村民的自我管理、自我教育、自我服务"。

（2）村民自治章程和乡规民约的内容

各地制定的村民自治章程主要有以下内容：一是村级组织方面。包括村民会议和村民代表会议的组成、职权和会议制度；村民委员会的具体产生办法、职责、工作制度和下设工作机构；村民小组的划分和村民小组长的产生办法和职责；村干部的行为规范；村民委员会同村党支部、集体经济组织的关系；等等。二是村民的权利和义务方面。村民在村民自治活动中享有的权利，如选举权、罢免权、监督权、知情权、批评建议权等；村民应当履行的义务，如遵纪守法、遵守自治章程和村规民约等。三是经济管理方面。包括劳动积累、土地管理、承包费的收取使用、生产服务、财务管理、村办企业管理办法等。四是社会秩序和精神文明建设方面。包括社会治安、村风民俗、邻里关系、婚姻家庭等。

各地制定的乡规民约的种类很多，内容十分广泛，涉及农村基层社会生活的各个方面。一是维护生产秩序方面的内容。农村实行家庭承包经营后，有些事情政府不便管，也管不了、管不好，需要由村民自己通过乡规民约的形式加强管理。如封山育林、护山护林，保护水利设施、合理用水，禁止乱放家禽、牲畜，禁止乱砍滥伐，保护生态环境等。二是维护社会治安方面的内容。我国地域辽阔，村民居住分散，公安机关管理困难，再加上一些人法律意识淡薄，肆意扰乱社会秩序，因此，很多村针对这种情况制定了乡规民约，如遵纪守法、不偷盗、不赌博、不吸毒、不打架斗殴，维护社会公共秩序。三是履行法律义务方面的内容。如响应国家号召服兵役，实行计划生育，爱护公物、爱护集体财产，并履行其他应尽的义务。四是精神文明建设方面的内容。如提倡热爱祖国、热爱共产党、热爱社会主义、热爱劳动；讲礼貌、尊老爱幼、团结互助、帮助困难户；不虐待老人、妇女和儿童；讲文明、讲卫生，搞好环境美化绿化；学科学、学文化、移风易俗，反对封建迷信；积极参加各种公益活动。

（3）村民自治章程和乡规民约的制定

村民自治章程和乡规民约都由村民会议制定通过。两者虽然在内容上有所不同，但在制定程序上大体相同，一般要经过以下几个程序：第一，调查研究，提出需要规范的内容和解决的问题。村民委员会根据本村的实际情况，针对需要解决的实际问题和村民群众普遍关心的事项以及与本村发展和建设密切相关的问题，通过调查研究，广泛征求意见，提出村民自治章程需要规定的内容，确定在哪些方面制定村规民约。第二，集中意见，拟定草案。就提出的问题和事项，发动村民广泛讨论提出意见，并集中上报村民委员会。村民委员会根据村民意见，拟定本村的村民自治章程和乡规民约草稿，再发给村民征求意见。第三，提交村民大会审议通过。在审议讨论过程中，要根据村民的讨论意见，作进一步的修改完善，然后交付表决，以到会人数的过半数通过。对一些分歧比较大的问题，可以暂不规定，待成熟之后再补充完善。第四，公布。村民自治章程和乡规民约通过后，应当以适当的形式公布，可以印发各家各户，也可以张贴公布，甚至可以刻写在石碑上。同时还要按规定报乡、镇政府备案，接受监督。

村民自治章程和乡规民约制定之后，也不是一成不变的，在保持其相对稳定的同时，还需要根据实际情况适时修订、完善。在实践中证明是行之有效的，要继续坚持；证明是错误的或者是不适当的，要及时修正；遗漏的或不周全的,要及时补充;过时的、失去意义的要删去;新出现的内容,要及时增加。需要注意的是,修订也要经村民会议讨论通过后,方能公布施行。

(4) 村民自治章程和乡规民约不得同宪法、法律、法规和国家政策相抵触

村民自治章程和乡规民约应当符合宪法、法律、法规和国家政策的规定,不得与之相抵触。一般认为以下情况属于抵触:①与宪法、法律、法规和国家政策的规定相反;②与宪法、法律、法规和国家政策的精神和宗旨相违背;③超越了村民自治章程和村规民约的权限范围;④规定了不适当的处罚措施。在制定村民自治章程和乡规民约时,应注意把握是否有上述情形,以避免抵触。

二、乡规民约的性质与特征

(一) 乡规民约的性质

乡规民约的性质也是一个众说纷纭的热点问题,许多学者从不同的角度对乡规民约的性质进行了探讨。叶小文认为,传统的乡规民约是宗法伦理道德和在此基础上形成了政治规则与法律制度的融合,当代乡规民约则是社会主义核心价值观和社会主义法治的融合。它又是一种农民群众在社会生活中运用民主自我管理和教育的自治形式,与政治规范部分重叠的道德规范是其基本属性,社会主义民主性是其本质属性[1]。齐飞认为,乡规民约兼具公共意志性、民主性、程序性、权威性、合法性和非国家强制性等特征,内在构造完全符合软法的基本要素,因此它是一种具有软法性质的社会主义规范[2]。郑文宝等学者认为,国家强调乡规民约建设,并不是在经济领域,而是在道德领域重新启用乡规民约这一伦理学范畴的概念,目的是通过乡规民约这种道德建设方式对当代道德乱象进行规范和治理。因此他们认为现阶段乡规民约实质上是在强调"民约"建设,而民约是一种民众自发的道德约定,因此认

---

[1] 叶小文.论乡规民约的性质[J].贵州社会科学,1984(2):6-12,24.
[2] 齐飞.国家治理体系中的乡规民约[D].北京:中共中央党校,2015.

为乡规民约应当是道德规范[①]。罗鹏等认为，关于乡规民约的法律性质的争议主要在"契约"和"法"上。契约论认为，乡规民约根据村民合意制定，在法律性质上是一种民事契约，属于私法范畴，并不具有当然的法律拘束礼；"法律论"认为乡规民约是已经为国家所认可的村民自治规范，经过国家审查并被认可，那么就具有了国家意志性，也就具备了法律的属性[②]。

通过上述观点的分析，学者对乡规民约的性质探讨主要集中在民间契约、道德规范和法律规范上。本书认为乡规民约确实是村民协商一致的产物，具有契约性，但是是带有公共性的契约，不同于一般意义上的民事合同。乡规民约的适用范围是特定区域内的全体村民，且长期长效；而一般的民事契约只适用于特定当事人之间；乡规民约的缔约主体是全体村民，是全体村民协商博弈的产物，不是简单的私人利益交换；乡规民约的内容具有公共性，涉及本村生产生活和村域公共事务的管理，并非民事契约双方当事人之间权利和义务的分配；乡规民约具有教化与惩戒的功能，一般的民事契约只具有基于诚信的拘束力。比如甲和乙签订了借款契约，借款契约具有基于诚信原则产生的拘束力，这种拘束力体现为甲作为债务人有义务根据合同的约定按时还款，但是甲无故不履行义务时，乙无权依据合同对其进行处罚，只能依法提起诉讼，合同作为其诉求的证据。但乡规民约则可以对村民规定奖惩机制、批评教育机制。齐飞认为，乡规民约的运行是以道德谴责、舆论压力为核心的惩罚措施和以利益分配、社会合作为核心的奖励措施为后盾，作为规范村庄共同体权力运行和保障其内部成员合法利益的重要手段[③]。因此乡规民约虽然具有契约的性质，但是不等同于民间契约，基于其公共属性，乡规民约也是基层社会治理规范，该规范具有强制性。接下来，本书从社会治理的角度分析乡规民约的性质。

1. 社会治理规范的多元性

古代社会的人们已经认识到，社会生活的复杂性、多样化要求治理规范

[①] 郑文宝，姜丹丹.乡规民约的当代意蕴——基于传统与现实的问题意识思考[J].安徽师范大学学报（人文社会科学版），2016（1）：107.
[②] 罗鹏，王明成.村规民约的内涵、性质与效力研究[J].社会科学研究，2019（3）：69.
[③] 齐飞.国家治理体系中的乡规民约[D].北京：中共中央党校，2015：20.

更为丰富、更具适应性。正如《礼记》所云："故礼以道其志，乐以和其声，政以一其行，刑以防其奸。礼乐刑政，其极一也，所以同民心而出治道也。"①因此，传统社会治理规范都是多元化的，早在西周时期，统治者就摒弃了"天讨""天罚"这种一味以"讨伐""刑杀"为主的治理模式，提出了"以德配天，明德慎罚"的治理理念，第一次把道德教化和刑罚制裁结合起来，自此形成了中华法系礼法结合的格局。汉代的"德主刑辅"、唐代的"德本刑用"、明代的"明礼以导民，定律以绳顽"都是"礼刑结合"在不同时代的体现。传统社会中，除了律、令、格、式等国家制定法，还有家族、乡村、行会等组织形态产生的大量家法族规、乡规民约、行业惯例等，都成为社会治理的重要依据。这种既重视道德又重视法律的观念，体现了源头治理、综合为治的治理智慧，也为当代国家治理能力重要的历史借鉴。习近平总书记提出的"依法治国和以德治国相结合""法安天下，德润民心"是谙和古往今来治国理政之道的。据此，当代治理规范亦可以借鉴古代社会的"礼法结合"，分为道德规范和法律规范。法律规范并不是只包括由国家立法机关通过立法程序制定的、由国家公权力保障实施的制定法，还包括不依赖国家强制力保障实施的，而是依靠某种社会组织、社会权威，或者当事人自愿服从的独立于国家法之外的制度规范。比如居民公约、乡规民约、行业规范等社会自治规范，还有国家机关制定的指南、纲要、规划等规范性文件。对于后者，虽然是国家机关制定的，但是并非依靠国家强制力推行，而是一种国家激励、倡导性措施。王志民在《中国共产党领导新中国社会建设实践与启示》中提出，要进一步创新法治社会建设的理念思路，更加重视发挥法治与德治、法律与道德、硬法与软法、国家法与民间法、成文法与习惯法、公法与私法等规范规则的共同治理作用，形成以法治和法律为主导的多种规则规范综合治理、系统治理、全方位治理的格局②。综上，当代国家社会治理规范大致可以分为法律规范和道德规范，而法律规范根据不同的角度，又可以作不同的分类。根据是否依靠国家强制力保障实施，分为软法与硬法；根据产生的空间

---

① 汪世荣. 同民心而出治道 [N]. 人民日报, 2021-02-03（15）.
② 王志民. 中国共产党领导新中国社会建设实践与启示 [EB/OL]. [2021-06-15]. http://www.xinhuanet.com/politics/2021-06/09/c_1127545335.htm.

范围不同，分为产生于统治者的国家法和产生于乡土社会的民间法；根据产生方式不同，分为制定法和习惯法；根据调整的范围不同，又分为公法和私法。如图1-1所示：

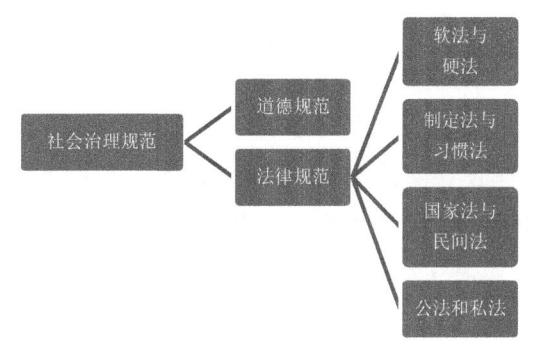

图 1-1　国家社会治理规范

2. 乡规民约性质呈现二元化

乡规民约作为社会治理规范，经过千百年的发展，其内容和形式也是十分丰富的。不同形式和性质的乡规民约其性质也不同。有些乡规民约属于单纯的道德规范，这些乡规民约内容主要集中在伦理道德、礼仪风俗方面，很少有实质性的权利义务的分配。此外，乡约的内容都是正面倡导性的，没有惩罚性的措施。比如明代李春芳致仕返乡后，目睹当时乡风日下现象，亲订《订乡约事宜》，就是典型的道德规范。[①] 例如，婚嫁时双方如何处理聘礼，丧事怎么办比较符合情理，乡人之间长幼如何称呼，以及见面的礼节、贺寿的礼节、宴请和摊钱的办法，等等。乡人们商定一些通情达理的标准，大家照着做，人与人之间的关系更加和谐。

如第一节婚嫁，原文如下：

凡结婚姻，两情相好，儿女相配，此诚百年缘分。聘娶礼不必较其厚薄，量力行之。尝见平日相好，后因计较彩礼反伤情义。女家需索者，固为可恶。

---

① 李春芳，明代扬州府兴化人，字子实，号石麓，嘉靖二十六年（1547年）进士，授修撰，累官礼部尚书。嘉靖四十四年（1565年）兼武英殿大学士，参与机务。隆兴初，代徐阶为内阁首辅。他为人恭慎，不以势凌人，务以安静称帝意。进吏部尚书，以不为高拱、张居正所容，辞官。著有《贻安堂集》。

男家力可为而悭吝鄙俗，尤为薄劣。若盛时结亲，或后一贫一富。男家力歉，女家颇过，即量力自备衣物，以完儿女之债。倘两家力乏，不能成亲。甚至厚亲友，当相助之。无使有怨女旷夫，此亦厚道也。[①]

上述乡约意在倡导良好的婚嫁风俗，用现在的话来说，就是移风易俗，反对攀比，索要天价彩礼。但并不是从权利义务角度规定的，而是首先强调婚姻是以感情为基础，"两情相好""百年缘分"。所以不要纠结于彩礼的多少，女方不要索取无度，男方也不能一毛不拔，双方要量力而行。富裕的一方可以多出一些，如果双方都不富裕，那么其亲族近支可以资助。全文无一处惩罚之语，全是动之以情，晓之以理，因此是典型的道德规范。当代乡规民约道德规范偏多，往往以三字歌、顺口溜的形式出现，内容以强调社会主义核心价值观和文明风尚为主。

《甘南县东发村村规民约》

五　美

一　孝顺　百善孝为先　孝老人人赞
二　诚信　诚信金不换　信誉大过天
三　勤劳　持家需勤勉　致富靠实干
四　文明　邻里和睦处　待人展笑颜
五　整洁　家院保清洁　人美常洗脸

十　戒

一　打架斗殴者戒
二　聚众赌博者戒
三　强抢偷盗者戒
四　奸仁乱犯者戒
五　无理取闹者戒

---

① 《订乡约事宜》载于兴化县志，本书转引自：牛铭实. 中国历代乡规民约 [M]. 北京：中国社会出版社，2015.

六　酗酒乱犯者戒

七　拨弄是非者戒

八　好吃懒做者戒

九　攀比浪费者戒

十　封建迷信者戒

三　不　准

一不准乱扔死猫烂狗

　　病死畜禽深坑埋

　　变废为宝做表率

二不准乱扔塑料垃圾

　　塑料垃圾莫乱扔

　　污染严重把人坑

三不准乱扔破碎玻璃

　　破碎玻璃管理好

　　乱扔室外扎手脚[①]

并非所有乡规民约都囿于道德层面，有的乡规民约涉及公共事务管理、村民利益的分配、国家政策的执行、社会秩序的维护等很多方面。从乡规民约的内容来看，条文逻辑结构完整，规定了权利、义务和制裁措施，和制定法的法律逻辑结构趋同，具有明确的实施机构，这样的乡规民约就具有了法的性质，而不再是道德规范。如前文提到的有着优良自治传统的贵州省锦屏县文斗村，在古代依靠"勒石立契"的形式创制了大量的乡规民约。当代，文斗村依靠乡规民约实现村级有效治理，自 1998 年《村民委员会组织法》颁布后至 2015 年，文斗村出台了四部乡规民约，乡规民约成为文斗村社会治理的重要制度资源。从文斗村乡规民约的调整范围来看，其不再仅限于道德风尚，还包括公共事务管理、公益设施建设、社会治安、经济生产和文明

---

① 优秀村规民约展示 甘南县东发村村规民约 [EB/OL]. [2018-09-20]. https://www.sohu.com/a/255010487_100200266.

风尚等多方面。2015年的乡规民约中就有如下规定：

> 要保护生态，保护家园。严禁砍伐村寨两边大小风景树木，不准进入后龙山砍伐干枯树木、树枝；不准进山烧炭、煤灰；不许大人、小孩在树上刻画、皮削。违者罚违约金50元~1万元。不得无证砍伐林木，盗伐他人林木，违者除交有关部门处理外，每起交违约金50~500元。
> 严禁野外用火。未经村民委同意，随意烧山、烧田埂等野外用火的违反者交违约金50~100元；引起山林火警、火灾的，除接受国家规定的民事赔偿与法律制裁外，还得自愿接受参加扑救火人员的当天务工费50元。[①]

该乡规民约明确了村民在森林保护方面的义务，内容具体并且具有可操作性。针对村民的违约行为规定了制裁措施，这使得乡规民约具有了强制力，只是强制力不是来自国家，而是村域社会。文斗村的乡规民约制定和实施都有明确的主体。1998年、2005年乡规民约的制定主体均为村民会议。2005年，乡规民约第八十一条规定："本《村规民约》自村民会议通过、村民签字之日起生效，外村人在本村内违反本村规民约的，依属地管理原则参照执行。"在2012年和2015年制订的乡规民约中，村民代表大会变成了制定主体。如2012年乡规民约第四条规定："本《村民自治合约》于2012年12月25日村民代表会议表决通过。"此外，自2005年开始，文斗村还成立了"执约小组"专门负责乡规民约的实施，取得了良好的实施效果。

2012年3月的一天，中午12点左右，35岁的姜东书家因烘腊肉发生火警。村民发现以后很快就扑灭了，没烧起来。对此文斗村也按照乡规民约的规定进行了处理：罚款50元，喊寨一个月。每天晚上7—9点之间喊一次："小心火种，天干物燥。"姜东书接受了处罚。[②]

[①] 高其才，罗旭.村规民约与生态保护和绿色发展[J].人权，2016（3）：21.
[②] 案例选自姜秀全访谈录，转引自：高其才.通过村规民约的乡村社会治理——当代锦屏苗侗地区村规民约功能研究[M].长沙：湘潭大学出版社，2018：13.

从案例中可以看到，乡规民约在村民心中还是有着很高的权威的，对于并非源于国家公权力的制裁措施，村民能够自觉服从。这种乡规民约能够对村民的外部行为起到有效的约束作用，因此具有法的性质。

从法律角度解读乡规民约，这类乡规民约属于法，但是和国家制定法不同。乡规民约具体属于何种法律，不同学者从不同的角度研究，观点各异。高其才先生在《中国习惯法论》中认为乡规民约属于村落习惯法。他指出，村落习惯法主要由乡规民约构成，是由村落全体成员议定和一致通过的，体现了村落全体成员的意志，维护村落的整体利益[①]。田有成认为乡规民约属于民间法。他指出，乡规民约是自下而上产生于乡民社会的内生规则。以风俗习惯和道德为基础，体现村民共同意志和价值观念高度契合乡民生活，是维护农村社会和谐稳定的重要社会规范[②]。罗豪才则将乡规民约冠以"软法"。在《软法亦法——公共治理呼唤软法之治》中指出国家立法中那些具有命令——服从行为模式、能够运用国家强制力保证实施的行为规范，是为"硬法"；国家立法中非强制性的规范、国家机关依法制定的规范性文件中，那些不能运用国家强制力保证实施的政治组织创制的自治规范和社会共同体创制的自治规范，都属于"软法"。乡村典章、乡规民约属于村民自治组织创制的成文规范，属于软法。[③]

这几种观点是关于乡规民约性质的代表性观点，涉及学者都是学术界颇有影响的"大师"，在该领域耕耘多年，厚积薄发。因此本书不敢妄言孰对孰错。本书认为习惯法、民间法和软法的区分更多在于界定的角度不同，三者在内容上是有交叉的，比如三者都不是依靠国家强制力保障实施的。所以本书并不纠结于三者的区分，而是选取一个角度对乡规民约的性质进行界定。地方习惯确实是乡规民约形成的一个重要渊源，但是当代乡规民约并不仅仅是地方习惯风俗的成文化，还体现国家法的内容。将国家法通过乡规民约的形式予以宣传，一直是乡村法治建设努力的方向。乡规民约是乡村的内生规则，但是与传统乡规民约不同，当代乡规民约是党领导下社会主义法治体系

---

① 高其才.中国习惯法论[M].北京：中国法制出版社，2008：12.
② 田成有.传统与现代：乡土社会中的民间法[D].北京：中国政法大学，2005.
③ 罗豪才，宋功德.软法亦法——公共治理呼唤软法之治[M].北京：法律出版社，2009.

的一部分，对乡规民约的分析应当上升到国家治理层面上来。综合上述，本书采纳罗豪才先生的观点，乡规民约属于官方制定的软法。

首先，乡规民约的强制力来自村民社会而不是国家。罗豪才认为硬法和软法的区分核心在于能否运用国家公权力保障实施。硬法本身具有较强的公共目的，一旦违反，造成的社会危害会非常严重，所以硬法需要国家强制力保障实施。比如宪法，以保障人权为根本目的，一旦违反宪法，可能会出现反人类的行为，因此宪法属于硬法。而软法公共性比较弱，体现的往往是一个区域、一个阶层或者一个行业的利益，或者非典型的国家意志和社会公益，违反后对社会不会造成严重危害，这类规范就属于软法，依靠国家激励、社会强制、社会激励的方式来实现。乡规民约是在遵守国家宪法、法律的前提下，由村庄共同体全体成员民主协商订立的自治规约。乡规民约体现的是特定范围内的村民的共同利益和价值观念，维护的是村域内的社会秩序，其效力只在村域范围内有效，属于小型的社会规范，公共性较弱。所以乡规民约无须靠国家强制力推行，乡规民约的约束力主要来自乡规民约的有效运行，表现为乡村社会的利益导向、道德评价、社会合作等多种机制对社会成员的行为强有力的奖惩威慑，所以乡规民约属于软法。

其次，乡规民约缺乏严谨的法律规范逻辑结构。英国当代分析法学派代表人物哈特基于"法律规则说"将奥斯丁的"法律命令说"中对法律逻辑结构的解析"命令、主权者和制裁"改为"假定、行为模式和法律后果"。罗豪才对此的解释为：假定部分描述的是该规范得以适用的前提、条件或情况，规定的是关于行为发生的时空，各种条件等事实状态的预设；行为模式部分描述的主要是特定主体可以行为、应该行为、不得行为的方式，它由规定主体及其权限的实体规则，以及规定行为的方式、期限、步骤的程序规则，构成包括规定公民权利义务与设定公共权力及其监督的两个方面；法律后果部分描述的则主要是特定主体的作为或者是不作为。[1]硬法一般都具有完整的法律逻辑结构，因为硬法行使的是国家公权力，硬法的公共性越强，权力就越大，滥用的风险就越高。为了防止公共权力的滥用，硬法的法律结构必须明

---

[1] 罗豪才，宋功德.软法亦法——公共治理呼唤软法之治[M].北京：法律出版社，2009.

确。而对于软法而言，因为公共性较低，权利滥用的风险也低，所以在法律逻辑结构的完整性和明确性上较硬法就逊色多了，多表现为实施行为不具体，缺乏明确的法律后果，权力监督和权利救济问题也缺乏相应的规定。当代的乡规民约内容大多比较简单，大多数乡规民约都是倡导性的规定，乡规民约能否规定法律责任，特别是是否有权进行经济处罚，至今在学界还有争议。乡规民约缺少完善的执行和监督机制，村民认为乡规民约侵犯了自己的合法权益。没有明确的救济途径，这些都是乡规民约有待完善之处，同时也说明乡规民约属于软法的范畴，社会对其法律规范的逻辑结构要求比较低。

（二）乡规民约的特征

1. 地域性与开放性兼容

乡规民约是乡民社会内生的社会规则，具有鲜明的地域特征。中国地域面积广博，"百里不同风，十里不同俗"。因此乡规民约也极具地域特点。比如河北省井陉县于家石头村的《柳池禁约》，以合理分配水资源为核心。井陉县于家石头村靠旱池、水窖赖以为生。因为缺水，便对用水、节水高度重视。为避免因汲水而造成秩序混乱，清乾隆三十九年（1774年）四月，于家石头村以庄重的形式订立了《柳池禁约》，对旱池的维护、水量分配上都有明确规定。前面提到的贵州省锦屏县文斗村的《六禁碑》主要是保护当地的林木资源，禁止乱砍滥伐。因为文斗盛产良木，是清代的木材供应地，乡规民约一方面要规范林木经济健康发展，另一方面要维护当地人的古树信仰。乡规民约的地域性还表现在它的适用范围更多地指向本村村民。乡规民约是村庄共同体成员间以彼此信任和交往为基础形成的行为规则，比起国家法，在规范村民行为，调解村民矛盾纠纷方面，更易为村民接受。但它是熟人社会关系的集中体现，它的效力随着社会关系向外拓展逐级递减，一旦超出村庄共同体的边界就几近消失。

乡规民约的开放性体现在与时俱进，能够随着时代的发展不断融入新的内涵和功能。当代的乡规民约已经从古代乡村士绅首倡下的单纯的村民自治产物转变为中国共产党领导下社会主义法治体系的一部分，是群众性自治组织进行自我管理、自我教育、自我约束的社会自治规范，承载着建设平安乡村、解决村民矛盾、引领文明风俗、助力乡村振兴等诸多时代任务。随着乡村振兴战略的不断深入，村民的参与意识和民主意识逐步增强，通过自治性制度规范实现利益的愿望更加迫切，乡规民约无疑成为村民参与乡村民主管理的主要途径。这也是尽管当代的乡规民约在乡村治理中的作用远不如古代，但是依然是乡村治理不可或缺的制度规范的原因。

2. 契约性与国家意志性兼容

乡规民约是村民在协商一致的基础上达成的契约，是村民自治的产物，不代表国家意志。尽管到了明清时期，部分乡约带有了半官方的色彩，但是就其主流而言，契约性始终是其最突出的特征。传统乡规民约往往是在乡村士绅或者宗族长的首倡下，根据本村传统习俗和乡民共同利益制定。乡规民约应当经全体乡民共同讨论，最终确定。如《吕氏乡约》规定"乡约中有绳之稍急者，诚为当。已逐施改，更从宽。其来者亦不拒，去者亦不追，固如来教"[①]，表明《吕氏乡约》入约、退约完全尊重当事人的意志，在惩罚上也是以乡民能够接受为标准。明代《上祖社条》中多次出现"众集再商量"，"众意商量，然可书条"，"若约有不便之事，共议更易"[②]。乡民合意构建起乡民和乡规之间的情感桥梁：一方面通过乡民合意，乡规民约能够比较准确地反映乡民的利益需求，及时地解决社会矛盾，实现对乡村的有效治理；另一方面，乡民合意的过程中，每个人的意见都能得到反映，这使乡民对乡规产生深深的归属感和认同感。前文提到当代乡规民约是中国共产党领导下社会主义法治体系的一部分，因此必然会体现国家的意志。一方面，根据《村民委员会组织法》第二十七条规定，乡规民约不能与国家法律、法规和国家的政策相抵触，不得有侵犯村民的人身权利、民主权利和合法财产权利的内容。乡规民约要在乡、镇人民政府备案，接受乡、镇人民政府的监督。另一方面，国家法的一些内容会通过乡规民约的形式呈现出来，有利于国家意志的贯彻。

3. 惩戒性与教育性兼容

在"乡规民约的性质"部分中提到有些乡规民约本身属于道德规范，具有教育功能。还有一些作为"软法"的乡规民约既具有教育性又具有惩戒性。

---

① 杨开道. 中国乡约制度 [M]. 北京：商务印书馆，2015：71.
② 刘笃才. 中国古代民间规约引论 [J]. 法学研究，2006（1），135-147.

比如秦皇岛市小乐安寨的乡规民约中，下列条款就具有教育功能：

第二十九条　不搞宗派活动，反对家族主义。
第三十条　积极参加村里组织的各种文化、体育活动，提倡全民健身。
第三十一条　坚守婚姻自由、男女平等、一夫一妻、尊老爱幼，建立团结和睦的家庭关系。反对家庭暴力。
第三十二条　提倡优生优育。

也有些乡规民约规定了惩罚性的条款。
比如河北省保定市芦庄子村公约规定："禁止将冬季积雪清扫到宅基地以外的道路、广场等公共场地，积雪每户自行清理到垃圾填埋场；禁止向花池内乱扔杂物，违反此规定，根据情节一次罚款100～1000元"，同时规定罚款入社区账目。贵州省锦屏县文斗村《村民自治合约》则以违约金之名进行经济性惩罚。"要保护生态，保护家园。严禁砍伐村寨两边大小风景树木，不准进入后龙山砍伐干枯树木、树枝；不准进山烧炭、煤灰；不许大人、小孩在树上刻画、皮削。违者罚违约金50元～1万元。不得无证砍伐林木，盗伐他人林木，违者除交有关部门处理外，每起交违约金50～500元。"[①]

4. 传承与创新兼容

习近平总书记指出："中华文明绵延数千年，有其独特的价值体系。中华优秀传统文化已经成为中华民族的基因，植根在中国人内心，潜移默化影响着中国人的思想方式和行为方式。"乡规民约就是古代优秀传统文化的重要组成部分，比如，宋朝陕西蓝田县《吕氏乡约》，规定了"德业相劝""过失相规""礼俗相交""患难相恤"等内容，体现了儒家的仁义思想。再如，"人命关天""欠债还钱""童叟无欺"等广为流传的道德信条体现了儒家爱人、诚信等价值观。这些价值观在社会生活中潜移默化地发挥作用，对于形成淳朴民风、规范社会秩序功不可没。这些道德规范具有划时代的价值，当代乡规民约应当予以继承并且发扬光大。同时作为社会主义法治体系的一部分，乡

[①] 高其才，罗旭.村规民约与生态保护和绿色发展——以贵州省文斗村为考察对象[J].人权，2016（3）：16-25.

规民约应具有创新性，依据目前乡村建设面临的新形势、新任务、新诉求，如乡村振兴、建设美丽乡村、统筹城乡规划、保护生态环境等，结合当今时代潮流和价值取向，与时俱进，实事求是，制定具有现代气息、符合社会主义核心价值观要求、有利于乡村建设和治理的乡规民约，这样才能让其在传承传统文明中不断焕发新的活力。

第二节 乡规民约的历史沿革

一、传统乡规民约的发展

（一）乡规民约的渊源

学界一般以北宋《吕氏乡约》作为乡规民约的成文标志，但是乡规民约作为社会发展的产物，它的产生不是一蹴而就的。在《吕氏乡约》产生之前，乡约的萌芽已经在传统社会礼治的土壤中酝酿、萌发。代表性的观点认为乡规民约的渊源应该追溯到《周礼》。学者董建辉和张中秋认为，乡规民约源于《周礼》中的"读法之典"。《周礼》主要规定官制和政治制度，相传为周公所作。《周礼》的篇章以官职为纲，分为六篇，分别是天官冢宰、地官司徒、春官宗伯、夏官司马、秋官司寇、冬官司空，又称为"六卿"。其中地官司徒掌邦教之法，"布教于邦国、都鄙，乃县教象之法于象魏，使万民观教象。挟日而敛之，乃施教法于邦国、都鄙，使之各以教其所治民"[1]。司徒所施的教法是什么法呢？

一曰以祀礼教敬，则民不苟；二曰以阳礼教让，则民不争；三曰以阴礼教亲，则民不怨；四曰以乐礼教和；则民不乖；五曰以仪辨等，则民不越；六曰以俗教安，则民不愉；七曰以刑教中，则民不虣；八曰以誓教恤，则民不怠；九曰以度教节，则民知足；十曰以世事教能，则民不失职；十有一日

---

[1] 出自《周礼·地官·司徒》

以贤制爵，则民慎德；十有二曰以庸制禄，则民兴功。①

西周的"读法之典"是逐级进行的。根据《周礼》记载，西周已经形成了比较系统的行政建制，"令五家为比，使之相保；五比为闾，使之相爱；四闾为族，使之相葬；五族为党，使之相救；五党为州，使之相赒；五州为乡，使之相宾"②。基层建制为比，往上逐次为闾、族、党、州、乡。比设有比长，闾设有闾胥，族有族师，党有党正，州有州长，乡有乡大夫。大司徒作为中央官员当然不会直接向百姓宣教，而是向乡大夫宣教。后者受法于司徒后，向最基层乡官如州长、党正、族师、闾胥、比长宣教。最后由州长、党正、族师、闾胥、比长向百姓宣教。通过"读法之典"将国家各项制度逐级贯彻到基层。

宣教的十二项内容包括祭祀之礼，乡射礼、乡饮酒礼之类的阳礼，婚礼之类的阴礼，乐礼，礼仪，习俗，刑法，誓，制度，世间技艺，爵位制度，俸禄制度。其中祭祀之礼，乡射礼、乡饮酒礼之类的阳礼，婚礼之类的阴礼，乐礼，礼仪，习俗，技艺都是关乎礼仪教化的"软法"，国家制定法有"刑法、制度、爵位、俸禄"。这既体现了西周立法思想"明德慎罚"和中华法系"礼法结合"的格局，同时也说明"读法之典"所读的重点并非国家制定法，而是源于习惯的礼仪风俗。而"读"字又说明这些"礼仪风俗"是通过柔和的教化方式来推行的，这其中已经蕴含了许多乡规民约的因素。如董建辉在《明清乡约：理论演进与实践发展》中就从手段、目的和途径三个方面分析了乡约与"读法之典"的关联。董建辉认为，乡约希望通过立约的方式来规范民众的社会行为，与《周礼》通过"读法"的行为教化乡民在本质上是一脉相承的。朱熹对《吕氏乡约》进行修订后，增加了"读约"之礼，更能直接体现乡约和"读法之典"的渊源关系。从目的上看，乡约和"读法之典"一样都是劝善纠恶，对乡民进行宗法伦理道德教化，以实现基层秩序的稳定。从实施途径来看，"读法之典"依靠州长、党正、族师、闾胥、比长这些基层乡官来实施，乡约的制定和推行则依靠在乡村社会具有官僚身份的卸任、离

---

① 出自《周礼·仪礼·礼记》
② 出自《周礼·地官·司徒》

任官员，也包括在外做官但仍对原籍乡村社会产生影响的官僚，还包括有功名的儒生、地主、宗族长和具有较高声望的乡绅。州长、里正、乡村士绅都属于乡村精英阶层，在胆识、魄力、能力等方面要高于其他村民，所以他们的权威是在长期的社会生活中逐渐形成的，并被村民所认可。因此"读法之典"的推行和乡约的推行主要是依靠非国家的权威[①]。

杨开道先生在《中国乡约制度》中则更具体地指出乡约的精神源于"读法之典"中的乡饮酒礼。《礼记·经解》中云："乡饮酒之礼所以明长幼之序也。"如何明长幼秩序呢？

> 乡饮酒之礼：六十者坐，五十者立侍，以听政役，所以明尊长也。六十者三豆，七十者四豆，八十者五豆，九十者六豆，所以明养老也。民知尊长养老，而后乃能入孝弟。民入孝弟，出尊长养老，而后成教，成教而后国可安也。君子之所谓孝者，非家至而日见之也；合诸乡射，教之乡饮酒之礼，而孝弟之行立矣。
>
> ——《礼记·乡饮酒义》

从乡饮酒礼的内容来看，年龄在五十以下的村民是没有座位的，要"立侍"，站立侍奉比他们年龄大的村民。六十以上的老者才有座位，年龄越大座次越高；年龄越大菜品也越多。这种礼制的目的就是在乡里培养尊老敬老、崇尚道德的良好社会风气，以构建和维护乡里间长幼尊卑的等级秩序，维护社会秩序的稳定。所谓"乡饮酒之礼废，则长幼之序失，而争斗之狱繁矣"。乡饮酒礼虽然是在官府的主导下进行，但是主要是通过乡绅对乡民进行教育，其本质带有浓厚的乡民自我教育和自我管理的色彩。因此杨开道先生认为：乡约的精神，就是乡饮酒礼的精神，乡约的办法也仿佛是乡饮酒礼的办法。只不过一个是人民公约，一个是政府官法；一个是互助实现，一个只是礼仪演习。似乎乡约制度又在乡饮酒礼之上[②]。

综上，《周礼》中的"读法之典"虽然源自地官司徒的官方行为，但是内

[①] 董建辉. 明清乡约：理论演进与实践发展 [M]. 厦门：厦门大学出版社，2008：38.
[②] 杨开道. 中国乡约制度 [M]. 北京：商务印书馆，2015：41-42.

容以家族、伦理道德和社会礼仪为主，带有社会性、道德性、宗法性；实施方式并非行政命令，因为当时的教育为贵族所垄断，民众多半为目不识丁的文盲。因此所谓读法，应该只是在各级乡官的组织和引导下，帮助民众理解并牢记合乎礼的要求的社会准则和行为规则，以便在社会生活中遵从。这个过程中主要体现的是柔性的教化。因此"读法之典"之所以能够推行，并非依靠国家强制力，而是乡民的自觉和基层乡官的个人威望。"读法之典"的意义并不仅限于道德教化，而是通过这种制度实现闾、族、党、州、乡的有效治理，可以说"读法之典"已经蕴含着最早的基层治理模式，乡规民约的雏形在这种制度中悄然形成。

（二）传统乡规民约的萌芽期：社邑规约

传统的乡规民约在产生之前，经历了一个萌芽的过程。社邑规约就是乡规民约的萌芽，或者说是雏形。社邑是一种结社组织，可能早在春秋战国时代就出现了。不过社邑有官社和私社之分，私社始自先秦，是经过长期发展形成的民间自治组织。我们所说的社邑规约就是依托私社所形成的契约，但是在秦朝统治时期，"凡事皆有法式"，社会的自治机制被国家公权力所压制，社邑规约的自我约束作用被国家法治所替代，其作用就显得比较微弱。民众之间的关系也因秦朝之连坐刑法，变得更加复杂而敏感。乡民之间为求生存，那种互相关心和照应的状态被彻底打破，代之以怀疑和监控，人们整天生活在担惊受怕之中，丧失了人与人之间的基本信任。因此社邑规约虽然可以追溯到先秦，但是秦朝的社邑规约没有发现确凿史料，甚至秦朝前期的乡里制度都没有详细的记载。杨开道先生认为直到秦末汉初，农村组织才有了清晰的轮廓，即乡亭制度：五里一邮，十里一亭，十亭一乡。乡治主要的单位是乡，乡有三老、啬夫和游徼，亭有亭长，邮只有邮长。三老、啬夫和游徼是乡治体系中最重要的领袖，其中又以三老最为重要，三老的年龄要在五十岁以上，要为民众所敬仰，才能被选为三老。三老下可教民众，上可达朝廷，杨开道先生认为，如果不是三国变乱，三老制度因此而衰落，那么中国的民治进程，一定不会像唐宋时代那么衰落[①]。有了较为规范的乡里制度，有了明确的乡村领袖，这就为社邑民间化的发展提供了可能性。汉初逐渐摒弃了"纯任法治"的治国方针，确立了"黄老思想"为主导思想，汉武帝时又正式确立了儒家思想为主导的思想。在黄老思想和儒家思想的浸润下，汉初废除了秦朝的"连孥相作"执法，轻徭薄赋，约法省刑。德礼教化重新成为治国的主要手段，儒家思想中的孝悌、忠信、节义、廉耻等理念重新成为社会的主流观念，百姓之间重新形成了彼此亲近、友爱、和乐的关系，这为社邑民间化的发展奠定了群众基础。因为社邑的初衷是要互惠共赢，是要大家在共识框架和规则之中围绕着目标发展进步，是要形成某种和睦共处的社会秩序和良好氛围。汉代社邑已经出现了非常明显的私人化和自愿化的倾向，社邑要想持续存续下去，自然要有相应的规章制度作为约束，这一方面国家法是不关注的。因此，随着社邑管理的需要和文字的发展，成文社邑规约出现是历史的必然。

最早发现的社邑规约是东汉时《汉侍廷里父老僤买田约束石券》，券文刻在粗糙的石面上，共213字，原文如下：

建初二年正月十五日，侍廷里父老、僤祭尊于季、主疏左巨等廿五人，共为约束石券里治中，乃以永平十五年六月中，造起僤，敛钱共有六万一千五百，买田八十二亩。僤中其有訾次当给为里父老者，共以客田借与，得收田上毛物谷实自给。即訾下不中，还田，转与当为父老者。传后子孙以为常。其有物故，得传后代户者一人，即僤中皆訾下不中父老。季、巨等共假赁田。它如约束：单侯、单子阳、尹伯通、锜中都、周平、周兰、□□周伟、于中山、于中程、于季、于孝卿、于程、于伯先、于孝、左巨、单力、于稚、锜初卿、左中文、于王思、锜季卿、尹太孙、于伯和、尹中功。

券文记叙了东汉缑氏县侍廷里左巨等二十五户人家，集资六万一千五百钱，买田八十二亩，组织起一个叫"僤"的民间团体，轮流担任基层单位

[①] 杨开道. 中国乡约制度[M]. 北京：商务印书馆，2015：8-9.

"里"的行政职务"父老"。这些田归僤中二十五名成员集体所有。如果有成员按家产数量应担任"父老"的,即借给此田,以此田的收获充任里父老者的用度;如果将来家产数量不足以充任"父老"的,就将此田退回,转给僤中继续充任"父老"的成员;如果僤中所有成员的家产数量都不足以充任里父老,即将此田假赁给僤中的成员经营。这些权利可以由僤中成员后代继承,但是仅限一名继承人。[①] 东汉时期,受名家思想的影响,上至贵族下至平民都希望博得一份清誉,乃至于名传后世,所以这二十五户人家将立约的内容刻于石上,既是为了使契约内容世代流传,大家共同遵守,也希望能够托物留名。

董建辉在《明清乡约:理论演进与实践发展》中认为这是迄今发现最早的一份成文的乡规民约,因为它是民间组织通过契约形式订立,对全体成员都具有约束力,符合乡规民约的特征。但是也有学者认为该契约的对象只是部分乡民,并没有面向所有乡民,并不能成为严格意义上的乡规民约,只能算是乡里间的民间条约[②]。本书在前文中已经明确传统乡规民约指的是由乡绅或宗族长首倡的面向全体乡民的乡规民约,针对某部分群体或某些领域而成立的经济组织、公益组织、政治组织、宗教组织等所订立的章程、规范不在本书研究范围之内,因此本书亦认为社邑规约不属于真正意义上的乡规民约。但是这种社邑规约已经具备了乡规民约的雏形。刘笃才在《中国古代民间规约引论》中就唐代敦煌地区的社邑规约的结构和内容进行了分析:社邑规约的开始部分是对结社的指导思想和宗旨的阐述。"至诚立社,有条有格。夫邑义者,父母生其身,朋友长其志,危则相扶,难则相救。与朋友交,言如信,结交朋友,世语相续,大者如兄,少者若弟。"这是论述众人结为社邑的思想基础。根据上述内容,社邑规约也是以"三纲五常"的儒家思想为指导,强调父母、兄弟、朋友之间的处事道德。该社条规定了社邑成员的主要权利义务关系:"社内有当家凶祸,追凶逐吉,便事亲痛之名,传亲外喜,一于社格,人各赠例麦粟等。若本身死者,仰众社盖白耽拽便送。赠例同前一般。"这一规定明确了社邑成员在社内成员或其亲属出现死丧情况时应尽的义

---

① 董建辉.明清乡约:理论演进与实践发展[M].厦门:厦门大学出版社,2008:18.
② 董建辉.明清乡约:理论演进与实践发展[M].厦门:厦门大学出版社,2008:18.

务,即通过赠物出力等方式互相援助,这也是成员经济互助的核心内容。该社条也规定了制裁措施。如果社员违背社条,不履行义务,就会受到包括罚麦、决杖和开除的处罚。"一切罚麦三斗,更无容免者","不听上下,众社各决杖卅棒。更罚醲醵一宴,众社破用。其身摈出社外,更无容免者"[①]。社邑规约虽然不是国家法,但是其惩罚措施还是比较严厉的,由此可见社邑规约在乡里中的地位。根据刘笃才考证,社邑规约在唐代全国范围内普遍存在,在以后的社会发展中也有着深远的影响。明朝思想家王廷相曾经建议设立义仓以救荒,"北方民间,每一二十家朔望一会,各出钱数十文收贮,令一人掌管,四时祭神,备办牺醴,遇有丧事之家,用以赙助"[②]。根据上述史料,说明直到明弘治以前,这一习俗还流行于北方城乡。社邑规约属于民间自治规约,但是社邑的规模有限,最多不过几十人,少则几人;社邑成员多数是贫苦农民,具有相近的经济地位、平等的身份。他们自愿组成社邑,共同推举社官,社邑的内容比较单一。主要是社邑成员的双亲或其本人死去后进行营葬活动时,在人力、财力、物质方面互相提供支持和帮助。所以社邑规约还只是乡规民约的前身,或者萌芽阶段。随着乡治的发展,民间规约也如国家法的发展一样,不断地完善和系统化。最终,在北宋出现了历史上第一个成文的乡规民约——《吕氏乡约》。

(三)乡规民约的产生:北宋《吕氏乡约》

北宋的《吕氏乡约》是现在学界公认的中国历史上的第一个成文的乡规民约。历代乡规民约基本上都是在《吕氏乡约》的基础上进行的演化和创新。

《吕氏乡约》是北宋熙宁九年(1076年)由关中学派的吕大钧兄弟在其家乡陕西蓝田推行的,因此又称为蓝田乡约。其核心内容是"德业相劝,过失相规,礼俗相交,患难相恤",以儒家伦理教化乡民。"德业相劝"重视修身养德,具体表现如下:

---

① 上述规约原文在《上祖社条》(文样),全文见:宁可,郝春文.敦煌社邑文书辑校[M].南京:江苏古籍出版社,1997:5. 本书转引自:刘笃才.中国古代民间规约引论[J],法学研究,2006:136.
② 王廷相.乞行义仓疏[M]//王廷相集·浚川奏议集·卷三.北京:中华书局,1989:126.

德，谓见善必行，闻过必改。能治其身，能治其家。能事父兄，能教子弟。能御僮仆，能事长上。能睦亲故，能择交游。能守廉介，能广施惠。能受寄托，能救患难。能导人为善，能为人谋事，能为众集事，能解斗争，能决是非，能兴利除害，能居官举职。

业，谓居家则事父兄，教子弟，待妻妾，在外则事长上，接朋友，教后生，御僮仆。至于读书治田，营家济物，畏法令，谨租赋，好礼乐射御书数之类，皆可为之。非此之类，皆为无益。

右件德业，同约之人各自进修，互相劝勉。会集之日，相与推举其能者，书于籍，以警励其不能者。

从约文内容来看，德和业是分开的。杨开道先生根据适用范围的不同将德分为八类：

①见善必行，闻过必改；②能治其身，能治其家；③能事父兄，能教子弟，能御僮仆，能肃政教，能事长上；④能睦亲故，能择交游；⑤能守廉介，能广施惠，能受寄托；⑥能救患难，能导人为善，能规人过失；⑦能为人谋事，能为众集事，能解斗争，能决是非；⑧能兴利除害，能居官举职。[①]

杨开道先生认为，第一类是普通德行，即从善如流，知错就改，针对德业相劝、过失相规而言；第二类也是普通德行，针对修身齐家而言；第三类是家庭范围内的道德准则；第四类是社会交往中的道德准则；第五类是经济方面的特殊德行；第六类是针对患难相恤和过失相规两条约文而言，是一种扶危济弱的更高层次的道德；第七类是纠纷处理过程中的德行，即明辨是非；第八类是从政的道德，能为百姓兴利除害，能够为国家选贤举能。

"德"是内在的素养，体现在做人方面；"业"则体现为外在的行为，体现在做事方面。《吕氏乡约》把"业"分为三类。居家之业：事父兄，教子弟，待妻妾；在外之业：事长上，接朋友，教后生，御僮仆。这两种和德本

---

① 杨开道.中国乡约制度［M］.北京：商务印书馆，2015：74.

质上是一样的，第三类：读书治田，营家济物，畏法令，谨租赋，如礼乐射御书数之类，这才是真正的"业"。

"过失相规"一节规定了十五条过失，谓犯义之过六，犯约之过四，不修之过五。

> 犯义之过，一曰酗酒斗讼，（讼谓告人罪恶，意在害人，诬赖争诉，得已不已者。若事干负累，及为人侵损而诉之者，非。）二曰行止逾违，（逾礼、违法众恶皆是。）三曰行不恭逊，（悔慢齿德者，持人短长者，恃强陵人者，知过不改、闻谏愈甚者。）四曰言不忠信，（或为人谋事，陷人于恶；或与人要约，退即背之；或妄说事端，荧或众听者。）五曰造言诬毁，（诬人过恶，以无为有，以小为大，或作嘲咏匿名文书，及发扬人之私隐，及喜谈人之旧过者。）六曰营私太甚。（与人交易，伤于掊克者；专务进取，不恤余事者；无故而好干求假贷者；受人寄托而有所欺者。）
>
> 犯约之过，一曰德业不相励，二曰过失不相规，三曰礼俗不相成，四曰患难不相恤。
>
> 不修之过，一曰交非其人，（所交不限士庶，但凶恶及游惰无行，众所不齿者。不得已而暂往还者，非。）二曰游戏怠惰，三曰动作无仪，（谓进退太疏野及不恭者，不当言而进言及当言而不言者，衣冠太华饰及全不完整者，不衣冠而入街市者。）四曰临事不恪，（正事废忘，期会后时，临事怠惰者。）五曰用度不节。
>
> 右件过失，同约之人各自省察，互相规戒，小则密规之，大则众戒之。不听，则会集之日，直月以告于约正，约正以义理诲谕之。谢过请改，则书于籍，以俟其争辩不服与终不能改者，皆听其出约。

其中危害性最严重的是"犯义之过"，其种种行为不仅违反了宗法伦理道德，而且已经涉嫌违反国家法律，具有刑事意义上的社会危害性。比如酗酒斗讼、造言诬毁、营私太甚。尤其是行不恭逊，不要单纯地认为只是言谈举止方面的问题，如果对父母、祖父母言语不恭，有可能被认定为不孝罪，属"十恶"重罪之一。犯约之过危害性要轻于犯义之过，大部分行为是其他章节的反面规定。比如第一章为"德业相劝",第三章为"礼俗相交",第四章为"患难相恤",那么德业不相劝、礼俗不相成、患难不相恤即是违约。不修之过是犯约以外的轻过错,主要体现为道德品质和个人修为的问题,比如游戏怠惰、动作无仪、用度不节等。这些行为不会对社会造成严重的危害,所以不修之过应当是最轻的过失行为。为了树立乡约的权威,《吕氏乡约》规定了处罚措施:对于初犯者(犯轻过)"规之而能听及能自举者,止书于籍,皆免罚,若再犯者不免";对于不听从劝告、再犯者或犯大过者"皆即罚之"。关于除名,对于情节恶劣、重罚之下仍屡教不改的人,可以由定约的乡民共同商议决定是否将其开除出去,"其争辩不服与终不能改者,皆听其出约"。一旦出约,对于当事人而言绝非好事。传统乡村是一个封闭的环境,一旦出约,就会面临"社死"的危险,被除名的个体会受到整个村庄的排斥。

礼俗相交,倡导移风易俗,"凡有婚姻丧葬祭祀之礼,《礼经》具载,亦当讲究。如未能遵行,且从家传旧仪。甚不经者,当渐去之"。该章分为四部分:一曰尊幼辈行,二曰造请拜揖,三曰请召送迎,四曰庆吊赠遗。这一部分内容主要是社会生活和交往中的礼仪,即乡礼和乡仪,更多的是形式上的内容。但是在礼治社会中,人们举止循礼,礼仪又特别烦琐,所以这一部分内容最多。原文如下:

尊幼辈行,凡五等,曰尊者,(谓长于己二十岁以上,在父行者。)曰长者,(谓长于己十岁以上,在兄行者。)曰敌者,(谓年上下不满十岁者,长者为稍长,少者为稍少。)曰少者,(谓少于己十岁以下者。)曰幼者。谓少于己二十岁以下者。

造请拜揖,凡三条,曰:凡少者幼者于尊者长者,岁首、冬至、四孟月朔辞见贺谢,皆为礼见。(皆具门状,用幞头、公服、腰带、靴笏。无官具名纸,用幞头、襕衫、腰带、系鞋。唯四孟通用帽子、皂衫、腰带,凡当行礼而有恙故,皆先使人白之。或遇雨雪,则尊长先使人谕止来者。)此外候问起居,质疑白事,及赴 请召,皆为燕见。(深衣、凉衫皆可,尊长令免即去之。)尊者受谒不报。(岁首、冬至,具己名牓子,令子弟报之,如其服。)长者岁首、冬至具牓子报之,如其服,余令子弟以己名牓子代行。

凡敌者，岁首、冬至辞见贺谢，相往还。（门状、名纸，同上，唯止服帽子。）凡尊者长者无事而至少者幼者之家，唯所服。（深衣、凉衫、道服、背子可也。敌者燕见亦然。）曰：凡见尊者长者，门外下马，俟于外次，乃通名。（凡往见人，入门必问主人食否，有他客否，有他干否。度无所妨，乃命展刺。有妨，则少候，或且退。后皆放此。）主人使将命者先出迎客，客趋入，至庑间。主人出降级，客趋进，主人揖之升堂，礼见四拜而后坐，燕见不拜。（旅见则旅拜，少者，幼者自为一列。幼者拜则跪而扶之，少者拜则跪扶而答半。若尊者长者齿德殊绝，则少者幼者坚请纳拜。尊者许则立而受之，长者许则跪而扶之。拜讫，则揖而退。主人命之坐，则致谢讫，揖而坐。）退，（凡相见，主人语终不更端，则告退。或主人有倦色，或方干事而有所俟者，皆告告退可也。）则主人送于庑下。若命之上马，则三辞。许则揖而退，出大门乃上马；不许，则从其命。凡见敌者，门外下马，使人通名，俟于庑下或厅侧。礼见则再拜。（稍少者先拜，旅见则特拜。）退，则主人请就阶上马。（徒行则主人送于门外。）凡少者以下，则先遣人通名。主人具衣冠以俟，客入门下马，则趋出，迎揖升堂。来报礼，则再拜谢。（客止之则止。）退，则就阶上马。（客徒行，则迎于大门之外。送亦如之，仍随其行数步，揖之则止，望其行远乃入。）曰：凡遇尊长于道，皆徒行，则趋进揖。尊长与之言则对，否则立于道侧以俟。尊长已过，乃揖而行。或皆乘马，于尊者则？避之；于长者则立马道侧揖之，俟过，乃揖而行。若已徒行而尊长乘马，则？避之。（凡徒行遇所识乘马者，皆放此。）若已乘马而尊长徒行，望见则下马前揖，已避亦然。过既远，乃上马。若尊长令上马，则固辞。遇敌者，皆乘马，则分道相揖而过。彼徒行而不及避，则下马揖之，过则上马。遇少者以下，皆乘马，彼不及避，则揖之而过。彼徒行不及避，则下马揖之。（于幼者则不必下可也。）

请召送迎，凡四条，曰：凡请尊长饮食，亲往投书。（礼薄则不必书。专召他客则不可兼召尊长。）既来赴，明日亲往谢之。召敌者以书柬，明日交使相谢。召少者用客目，明日客亲往谢。曰：凡聚会皆乡人，皆坐以齿。（非士类则不然。）若有亲，则必序。若有他客，有爵者则坐以爵。（不相妨者坐以齿。）若有异爵者，虽乡人亦不以齿。（异爵谓命士、大夫以上，今升朝官是。)若特请召,或迎劳出钱,皆以专召者为上客。如婚礼,则姻家为上客,皆不以齿爵为序。曰:凡燕集初坐,别设桌子于两楹间,置大杯于其上。主人降席立于桌东,西向;上客亦降席立于桌西,东向。主人取杯亲洗,上客辞。主人置杯桌子上。亲执酒斟之,以器授执事者,遂执杯以献上客。上客受之,复置桌子上。主人西向再拜,上客东向再拜,兴,取酒东向跪祭,遂饮,以杯授赞者,遂拜,主人答拜。(若少者以下为客,饮毕而拜,则主人跪受如常。)上客酢主人如前仪,主人乃献众宾如前仪,唯献酒不拜。(若众宾中有齿爵者,则特献如上客之仪,不酢。)若昏会,姻家为上客,则虽少亦答其拜。曰:凡有远出远归者,则迎送之。少者幼者不过五里,敌者不过三里,各期会于一处,拜揖如礼,有饮食则就饮食之。少者以下俟其既归,又至其家省之。

庆吊赠遗,凡四条,曰:凡同约有吉事则庆之,(冠子、生子、预荐、登科、进官之属,皆可贺,婚礼虽曰不贺,然《礼》亦曰「贺娶妻」者,盖但以物助其宾客之费而已。)有凶事则吊之。(丧葬、水火之类。)每家只家长一人,与同约者俱往,其书问亦如之。若家长有故,或与所庆吊者不相接,则其次者当之。曰:凡庆礼如常仪,有赠物。(用币帛、酒食、果实之属,众议量力定数,多不过三五千,少至一二百。如情分厚薄不同,则从其厚薄。)或其家力有不足,则同约为之借助器用,及为营干。凡吊礼,闻其初丧,(闻葬同。)未易服,则率同约者深衣而往哭吊之。凡吊尊者,则为首者致辞而旅拜。敌以下则不拜。主人拜则答之,少者以下则扶之。不识生者则不吊,不识死者则不哭。且助其凡百经营之事。主人既成服,则相率素帻头、素襴衫、素带,(皆用白生纱绢为之。)具酒果食物而往奠之。死者是敌以上则拜而奠,以下则奠而不拜。主人不易服,则亦不易服。主人不哭,则亦不哭。情重则虽主人不变不哭,亦变而哭之。赙礼用钱帛,众议其数,如庆礼。及葬,又相率致赠。俟发引,则素服而送之。(赠如赙礼,或以酒食犒其役夫,及为之干事。)及卒哭及小祥及大祥,皆常服吊之。曰:凡丧家不可具酒食衣服以待吊客,吊客亦不可受。曰:凡闻所知之丧,或远不能往,则遣使致奠,就外次,衣吊服,再拜,哭而送之。(惟至亲笃友为然。)过期年,则不可。情重,则哭其墓。

右礼俗相交之事，值月主之，有期日者为之期日，当纠集者督其违慢。凡不如约者，以告于约正而诘之，且书于籍。

然而杨开道先生认为这是《吕氏乡约》内容最空、布置最劣的部分。该部分既不如"过失相规""患难相恤"分门别类、纲举目张，也不如"德业相劝"排列整齐，[①]大部分内容体系混乱，礼仪规定过于简单。在此不再赘述。

"患难相恤"，是杨开道先生认为最完美、最整齐的一章。这一章共有七款：一曰水火，二曰盗贼，三曰疾病，四曰死丧，五曰孤弱，六曰诬枉，七曰贫乏。原文如下：

患难之事七，一曰水火，（小则遣人救之，甚则亲往，多率人救，且吊之。）二曰盗贼，（近者同力追捕，有力者为告之官司。其家贫，则为之助出募赏。）三曰疾病，（小则遣人问之，甚则为访医药。贫则助其养疾之资。）四曰死丧，（关人则助其干辨，乏财则赠赙借贷。）五曰孤弱，（孤遗无依者，若能自赡，则为之区处，稽其出内，或闻于官司，或择人教之，及为求婚姻。贫者，协力济之，无令失所。若有侵欺之者，众人力为之办理。若稍长而放逸不检，亦防察约束之，无令陷于不义。）六曰诬枉，（有为人诬枉过恶，不能自伸者，势可以闻于官府则为言之，有方略可以救解则为解之。或其家因而失所者，众共以财济之。）七曰贫乏。有安贫守分而生计大不足者，众以财济之，或为之假贷置产，以岁月偿之。

右患难相恤之事。凡有当救恤者，其家告于约正，急则同约之近者为之告，约正命值月遍告之，且为之纠集而绳督之。凡同约者，财物，器用、车马、人仆皆有无相假。若不急之用，及有所妨者，则不必借。可借而不借，及逾期不还，及损坏借物者，论如犯约之过，书于籍。邻里或有缓急，虽非同约而先闻知者，亦当救助。或不能救助，则为之告于同约而谋之。有能如此，则亦书其善于籍，以告乡人。

---

① 杨开道.中国乡约制度[M].北京：商务印书馆，2015：76.

杨开道先生之所以对这一章给予极高的赞誉,一是因为这一章是对于乡治最有现实意义的一章,农村社会里的重要问题处理除了儿童教育和经济合作之外,差不多都包含在这些条款里了,可以说这是最务实的一章。

水火,指的是现在的防汛和防火工作。小灾派人施救,大灾则亲自前往,多率人员救急,并进行慰问。

盗贼,指的是侵犯乡民财产的违法行为。遭遇盗贼,居住近的要同心协力围捕,力量不足则告诉同约乡邻,以及报于官府,尽力提防抓捕。

疾病。小病则派人慰问,严重则亲为访医求药。家贫无有资财,则助以养病花费。

死亡丧葬。缺人干事,则前往相助;缺少资财,则送办丧事财礼,以及给予借贷和吊丧慰问。

遗孤幼龄。幼失父母的无依孤儿,若其家中尚有钱财,可以生活自给,则为之安排处理。或告知官府,或择近亲邻里可托付的人,为其做主,不让人欺侮哄骗。可教诲的应择人教学,以及为其求婚结姻。若家无钱财,不能自给生存,则合力周济,不让其流离失所。若为他人所欺,应同众人协力,与其经办处理。若年龄稍长而生活放任,不够检点,亦应防范督察,予以约束,不能令其陷于不义。

遭遇诬枉。有人被诬谤冤枉,过错恶行不能自己申诉,其情势可告于官府,则应为代言。有方法策略可以化解,则为其排解。若其家因此而失去安身之所,众人应以财物相济。

贫困乏财。有人安于贫困,且信守本分,而生计大有不足,众人应以财物相济。或可为其借贷置产,以后按年逐月偿还。

二是因为这一章除了水火、贼盗两条是对公共秩序的维护外,其他五条规定的是村民在因贫困、直系亲属死亡、诉讼、疾病等社会风险,生活陷入困境时,由村集体出面,对遭遇风险的个体进行救助。这种制度已经具有现代社会保障制度的特征,而且这种患难相恤的制度是融入了血缘亲情的,所以更容易为村民所接受,执行起来也更有人情味。杨开道先生亦认为,《吕氏乡约》的"患难相恤"保存了原始互助情感,不至于像现代经济合作,目光完全关注在经济方面，而把其他的社会合作忘掉①。

《吕氏乡约》在关中推行不久，北宋就为金人所灭。政治中心南移后，关中文化消亡殆尽，《吕氏乡约》自然也被废置。南宋理学大家朱熹对《吕氏乡约》进行考证，考证出其真正的作者是吕大钧。朱熹本是大儒，在考证过程中，结合自身对儒家礼教的理解，对《吕氏乡约》进行了增减。在此基础上编写了《增损吕氏乡约》，将乡规民约进一步加以完善。比如增加了"月旦集会时的读约之礼"，取消了罚金的规定，仅以书籍入册的形式予以惩戒。朱熹修改后的《吕氏乡约》，突出了乡约的仪式感和感化功能，再有朱熹学术地位的加持，《吕氏乡约》在问世100年后，重又声名远播。《吕氏乡约》深受儒家思想影响，它以儒家经典《周礼》《礼记》为范本，将儒家礼学思想精华运用到乡村治理中，以维护乡村稳定与发展为目的，组织机构中凸显士绅权力的重要地位。其提出的"人命关天""欠债还钱""童叟无欺"等广为流传的道德信条体现了儒家爱人、诚信等价值观。这些价值观在社会生活中潜移默化地发挥作用，对于形成淳朴民风、规范社会秩序功不可没。

《吕氏乡约》使得基层治理有了比较系统的制度规范，乡规民约在以后社会发展过程中，结合保甲制度、社仓和社学制度，逐渐形成了一套圆融自洽的乡治体系。所以《吕氏乡约》在乡约发展史上具有里程碑的意义。杨开道先生称其为"由人民主动主持，人民起草法则，在中国历史上，《吕氏乡约》实在是破天荒第一遭"②。

（四）乡规民约的发展繁荣期：明代乡规民约

刘志奇等学者认为，北宋灭亡以后，辽、金、元时期是华北地区乡规民约发展的重要时期，但是史料研究有限，所以辽、金、元时期华北乡规民约如何演变，线索非常模糊③。杨开道则认为，元朝统治者虽然注重村社组织的

---

① 杨开道. 中国乡约制度 [M]. 北京：商务印书馆，2015：71.
② 杨开道. 中国乡约制度 [M]. 北京：商务印书馆，2015：81.
③ 刘志奇，李俊奎. 中国乡规民约研究80年 [J]. 北京师范大学学报（社会科学版），2016（2）：146.

发展，但是把重要的乡约忘了[①]。因此在现有的乡规民约史料中，主要集中在宋、明、清、民国这几个阶段。明代乡规民约发展的突出特征有以下几点。

1. 国家公权力开始介入乡规民约的发展，官办乡约逐渐增多

最高统治者正式承认乡规民约的效力，并将自己的意志贯彻到乡规民约中去。洪武三十年（1397年），明太祖朱元璋传令天下："每乡里各置木铎一，内选年老或瞽者每月六次持铎徇于道路，曰'孝顺父母、尊敬长上、和睦乡里、教训子孙、各安生理、毋作非为'。"这就是著名的"圣训六谕"，虽然不是乡规民约，但是其精神、宗旨和乡规民约是相同的，一是强调家族中长幼有序，二是强调和睦乡里，俨然就是乡规民约制定的指导方针。"圣谕六训"还规定了严格的常态化的宣传机制，每乡每里置木铎一个，选年老或者盲人，持铎行走于道路之上，边走边诵"圣训六谕"，每月六次，为了引人注意，还有小儿在旁击掌，且行且击，且击且诵。这种方式使"圣训六谕"深入人心，在以后的发展过程中，"圣训六谕"就发展成为乡规民约的中心。如著名的《南赣乡约》中规定的"皆宜孝尔父母，敬尔兄长，教训尔子孙，和顺尔乡里"就是"圣训六谕"的内容，开启了乡约以圣谕为原则的先河。明成祖朱棣将《吕氏乡约》列于性理成书，诏颁天下，这是历史上第一次以国家的名义颁布乡规民约。嘉靖八年（1529年），根据王廷相的奏议，明政府在全国推行乡约。有了国家对乡规民约的支持，许多地方官吏也将乡规民约贯彻到地方治理当中，形成了许多官办乡约，推动了乡规民约下基层治理中的实践。正统初年，王源在广东潮州知府任上推行乡约；成化、弘治年间，苏州人文林先后在浙江永嘉知县和温州知府任上推行乡约；弘治初年，福建归化知县姜凤以《吕氏乡约》训导民众，民风为之一大变[②]。对后世影响最大的是正德年间王阳明在江西南赣地区推行的《南赣乡约》，后文会专门论述。一些民办乡约也开始转向请求官府的支持，而官府在全面推行乡约的背景下，出于移风易俗和维持基层社会秩序的考虑，也乐于授权。

2. 乡约的理论研究日益繁荣

乡约地方实践的活跃，带动了乡约的理论研究，出现了黄佐、章潢、吕

[①] 杨开道. 中国乡约制度［M］. 北京：商务印书馆，2015：103.
[②] 董建辉. 明清乡约：理论演进与实践发展［M］. 厦门：厦门大学出版社，2008：169.

坤、刘宗周和陆世仪等大儒，他们的研究使乡规民约不再是单一的文本制度，而是和保甲、社学和社仓结合起来，形成了一套系统的乡治理论。明代乡约理论的发展核心就是乡约、保甲、社学和社仓的深入结合的过程。乡约、保甲、社学和社仓起初关系并不密切，保甲制度是王安石于宋神宗熙宁三年（1070年）变法时创立，类似于现在的民兵组织，保卫乡里安全。"社学"是元代以后才出现，洪武八年（1375年），明太祖诏令天下设立社学，是政府设立于乡里间的学校，对平民百姓的子弟进行礼乐教化，以正风俗。社仓制度据说隋唐时就已经存在，南宋时期已经初具规模。社仓制度以官方权力为主导，广泛动员士大夫乡绅阶层以及富民阶层等乡村的民间社会力量筹措仓本，进行管理，是为了解决乡里民间的救济、乡民生存问题的一种备荒仓储制度。乡约、保甲、社仓和社学基本上是各自平行发展的，嘉靖五年（1526年）巡抚陈凤梧在管辖范围内实行乡约，第一次把乡约和社学与社仓结合起来，形成一种综合性的乡里社会制度。三年后，王廷相又把社仓和乡约、保甲等基层组织结合起来，"寓保甲以弭盗，寓乡约以敦俗"，赋予义仓以乡约、保甲的功能，使之成为三位一体的组织。官员在地方上的实践为理论的产生奠定了基础。明代乡约理论的奠基者，是著名《泰泉乡礼》的制定者黄佐。黄佐提出以乡约为核心，乡约与保甲、社仓和社学融为一体，乡约之民也即保甲之民，保长无合适人选由约正兼任。但是黄佐本人没有明确阐述乡约、保甲、社学和社仓的关系。首次阐述四者之间关系的是章潢，章潢在其著作《图书编》中，把乡约规条、保甲规条、社仓规条、社学规条并列在一起，"故保甲之法，人知足以弭盗也，而不知比闾族党之籍定，则人自不敢以为非。乡约之法，人知其足以息争讼也，而不知孝顺忠敬之教行，则民自相率以为善。由是社仓兴焉，其所以厚民生者为益周。由是社学兴焉，其所以振民德者为有素。可见四者之法，实相须也"[3]。章潢分别阐述了四种制度的作用，并且明确指出，这四种制度并非各自独立，而是相互联系的，可以将四者合并使用，"一直到了这个时候，（乡治）才有一套整个的规条，才有一个整个的系统"[4]。章潢的理论仅停留在理论层面上，至于如何实践则没有具体措施。将

---

[3] 章潢.保甲乡约社仓社学总序·卷92 [M].上海：上海古籍出版社，1992.
[4] 杨开道.中国乡约制度 [M].北京：商务印书馆，2015：246.

四者结合再一起落实到实践中的是吕坤和刘宗周。吕坤把乡约和保甲合二为一，命名为"乡甲约"。吕坤认为乡甲约中乡约是内核，重精神；保甲是外延，重组织；而社仓和社学处于次要地位。在吕坤的理论中，乡甲约不仅是民众教育的工具，也是乡村政治的工具。同时乡甲约强调对乡村领袖的训练，这也是中国历史上破天荒的第一次。崇祯时期的刘宗周也主张将乡约和保甲结合在一起，他反对把乡约保甲制度仅仅当作一种地方治理的土办法，为此他建议朝廷把乡约保甲作为一项基本国策，"使出入相友，守望相助，共成敦睦之风，永孝君亲之戴"。和吕坤不同的是，社仓和社学在刘宗周的理论中仍然处于次要地位，他认为应当以保甲为核心，乡约为辅，寓乡约于保甲之中，寓教化于刑法之内。此外，之前乡约基本都是在乡村推行，而刘宗周把乡约扩展到了城市，这是其思想的与众不同之处。吕坤和刘宗周都着重于乡约和保甲的结合，社仓和社学是其理论的短板。直到陆世仪这里，乡约、保甲、社仓、社学四位一体的理论才最终形成。陆世仪提出了"乡治三约"理论，陆世仪认为乡约是精神层面的，实际工作是保甲、社仓和社学。乡约是目标，保甲、社仓和社学是实现目标的途径，"约一乡之众，而相与共趋于社学，共趋于保甲，共趋于社仓"，所谓"一纲三目，相辅而行，相互为用"。杨开道对陆世仪的理论评价很高，认为他的"三约"分别象征着现代社会的农村自卫、农村合作和农村教育。"只有陆世仪的乡治系统才是整个的乡治系统，只有陆世仪的乡治理论才是整个的乡治理论"[①]。

综上，明朝的乡规民约无论在理论上还是在实践方面都较前代有了实质性的突破。明代的乡规民约的功能不仅仅体现在伦理道德教化层面上，随着其与国家法互动的日益密切，乡规民约的内容越来越务实，逐渐成为国家基层治理的重要工具。在国家法的大秩序下形成了以乡规民约为核心的小秩序，对维护基层社会的长治久安起到越来越重要的作用。与此同时，明代乡约的理论也日趋完备，最终形成了以乡规民约为目的，以保甲、社仓和社学为手段的系统化的乡治理论。明代是乡规民约发展的极为重要的历史时期，对清代乡规民约发展产生了深远的影响。

---

① 杨开道.中国乡约制度[M].北京：商务印书馆，2015：249.

3.《南赣乡约》的内容和影响

王阳明的《南赣乡约》是明代最具代表性的乡约，也是明代地方官员倡导践行乡约的一个经典范例。《南赣乡约》不仅在形式和内容上影响了后来的乡约，而且推动了明代中期以后乡约的发展。嘉靖以后乡约在全国范围内普遍推广，以及乡约所发生的一系列重大的变化，都与《南赣乡约》的影响分不开。

明代的南赣地区，是闽、粤、赣、湘四省交界地带，地广人稀。史料记载，彼时大量流民聚集在此，"分群聚党、动以万计"，一度造成严重的社会动乱。王阳明任南赣巡抚时，当地社会治安仍然混乱不堪。为了肃清南赣地区的盗匪，稳定社会秩序，王阳明采取"剿""抚"结合的方针。一方面利用地方军事力量，挑选民兵，增加军费，全力剿灭土贼；另一方面推行十家牌法，兴办社学，倡行乡约，进行"抚治"。

在王阳明的努力下，仅仅用了一年多的时间，他就攻破了横水、左溪、桶冈等寨，擒获谢志山、蓝天凤等首领。至此南赣地区大规模的社会动乱基本平息。虽然军事征服的目的已经达到，但王阳明深刻认识到只有解决好乡民道德意识问题，社会动乱问题才能从根本上得到解决。他在写给朋友的一封信中说，"破山中贼易，破心中贼难"。为了"破心中贼"，他开始推行《南赣乡约》。《南赣乡约》的第七条至十五条是核心内容，主要讲乡约所要解决的现实问题。主要包括：①乡民纠纷解决办法，要求今后凡有斗殴、不忿之事，不能冤冤相报，一定要请约长来处理。有敢妄为者，送交官府严惩。②严重危害乡民利益和公共秩序的行为，包括一些寄庄户躲回原籍不纳粮、债权人放债收息逼人变卖财产、私通敌情、地方小吏鱼肉乡里等，乡约对于这些行为的惩处体现了"德主刑辅"的原则，除了地方小吏收受贿赂的行为，约长同乡众直接报官之外，其他行为，都要先行劝诫，乡民不听劝诫，方才送官治罪。③乡民婚丧嫁娶的规定，要求无论婚礼还是丧礼，都要量力而行，不可奢靡浪费。

《南赣乡约》的实行，对于稳定社会秩序、敦化风俗、汇聚民心，起到了积极的作用。相关县志中可窥见其治理成效，如瑞金县（今江西省瑞金市）"近被政教，甄陶稍识，礼度趋正，休风日有渐矣。习欲之交，存乎其人也"，赣县"人心大约淳正，急公物纳，守礼畏法……子弟有游惰争讼者，父兄闻而严惩之，乡党见而耻辱之"。王阳明之后的历任南赣巡抚，几乎都奉行《南赣乡约》中的乡约和保甲制度。《南赣乡约》中规定了乡民纠纷首先由约长来处理，是村民自治的雏形；对于危害乡民共同利益的行为，先行劝诫无果后，方送官，体现了法治与德治的融合。反对婚丧礼大操大办，提出量力而行，反对奢靡浪费。上述内容都与当代乡村治理有着异曲同工之处，无成为当代乡村"三治融合"建设宝贵的历史经验。

（五）乡约发展的衰落：清代乡约

1. 圣谕成为乡约的主要内容

清朝统治者是少数民族入主中原，十分重视对民众的思想控制。在乡村治理领域更加注重通过乡规民约对民众进行教化，圣谕成为乡约的主要内容。清代的乡约不再与保甲、社仓和社学发生联系，而变成了单纯圣谕的宣讲。董建辉在《明清乡约：理论演进与实践发展》中指出，清代对乡约制度的运用从顺治九年（1652年）就开始了。顺治九年二月，清世祖"颁行六谕卧碑文于八旗及直隶各省"，"六谕"的内容基本照搬朱元璋的"圣训六谕"。顺治十六年（1659年）清廷正式于各地设立乡约公所，定期举行乡约，择善讲人员讲解圣谕。这时的乡约已经不单单是一种文本，而是政府设在基层的管理机构。康熙九年（1670年）颁布《上谕十六条》，以示尚德缓刑，化民成俗之意，并"通行晓谕八旗，并直隶各省府州县乡村人等，切实遵行。从之"[①]。其主要内容如下：

①敦孝弟以重人伦；②笃宗族以昭雍睦；③和乡党以息争讼；④重农桑以息衣食；⑤尚节俭以惜财用；⑥隆学校以端士习；⑦黜异端以崇正学；⑧讲法律以儆愚顽；⑨明礼让以厚风俗；⑩务本业以定民志；⑪训子弟以禁非为；⑫息诬告以全善良；⑬诫匿逃以免株连；⑭完钱粮以省催科；⑮联保甲以弭盗贼；⑯解雠忿以重身命。

---
① 清圣祖实录·卷34[M].北京：中华书局，2008：466.

核心思想还是利用宗法关系，通过儒学的纲常名教，教化百姓，使人们安分守法。其中最主要的是"孝"，通过"孝"架起通往"忠"的桥梁。《上谕十六条》颁布后，规定地方官要在每月朔望宣讲。康熙十八年（1679年），浙江巡抚陈秉直将《上谕十六条》衍说，辑为《直解》。之后由礼部"通行省直督抚，照依奏准《乡约全书》刊刻。分发府、州、县乡村，永远遵行"[①]。雍正二年（1724年），清世宗将《上谕十六条》进行逐条注解，每条约六百余言，扩充为万余言的《圣谕广训》，颁发各地，通行讲读。《圣谕广训》颁行后，成为范有式乡约在各地宣讲。它的出现终解了乡约的创新与发展。从此，清代乡约演变为单纯的圣谕宣讲，圣谕宣讲也逐渐成为乡约的代名词。乾隆五十九年（1794年）《州县须知摘要》中曾将《宣讲圣谕精诚感发》作为州县到任诸多事宜中应注意的重要事项：

凡为州县者，父母斯民，首先教尊，每遇朔望，务须率同教官佐贰杂职各员，亲在公所，齐聚集兵民敬将。圣谕广训逐条讲解，浅警曲喻，治之通晓，并将刊示律例，亦为明白宣示俾。警物至於四外乡村不能分身兼到者，则遵照定例在於大乡大村设立乡纳所，选举诚实堪信素无过犯之绅士，充为乡正值月分讲，印官仍不时亲往查督，以重其事。总之，宣谕之时必要州县等官先有一段实心，认定此事不是虚文，谆谆然如父母之教子、师之教弟，恳切往复津津不倦然。精诚浃洽，百姓環听之下亦自触动天良，悦而得民心，欲遷善诚，有不知其为之者，若但习为故，套朔望之辰，鸣锣张葢，前诸城隍庙中公服端坐，不出一言，而礼生绅士讲诵。

据统计，从顺治九年（1652年）到光绪十七年（1891年）的239年间，清廷颁布直接有关乡约的谕旨有32道。统治者的重视在使乡约得到快速发展的同时，也使乡约的内容和性质愈发同乡民社会相背离，由最初乡民自治制度演变为封建统治者统治乡村的工具。正如杨开道所言："乡民组织的乡约，

---

① 陈梦雷，蒋廷锡.乡里部·汇考二[M]//陈梦雷，蒋廷锡.古今图书集成·明伦汇编·交谊典·卷27.北京：中国戏剧出版社，2008：40013.本书转引自：董建辉.明清乡约：理论演进与实践发展[M].厦门：厦门大学出版社，2008：229.

已经变成了民众教育的宣讲,人民的自动规劝,变成政府钦定的规劝了。"①

2. 乡约治理效果难如人意

明代的乡规民约无论在理论还是在实践中,都逐渐和乡村的其他制度如保甲、社仓和社学相结合,形成一套系统的乡治体系,也使乡规民约自身的功能更加多元化。但是清代统治者并没有继续加强这套综合化的乡治体系,而是将乡约同保甲、社仓和社学分离,使它们互不统辖,互不发生关系。根据《大清律例》,乡约由礼部管辖,社学、社仓由户部管辖,保甲则同时由户部和刑部管辖。保甲专门负责稽查,社学专门负责教养,社仓专门负责救助,而乡约则专门负责教化。清朝统治者将原本正在形成的一目三纲的乡治体系打破,清代乡约仅仅关注教化,失去了社仓、社学所具有的邻里互助性质,与乡民切身利益相分离,致使乡治效果收效甚微。对此,杨开道先生的分析十分到位:"乡村是一个社会,是一种整体的事业,头痛医头、脚痛医脚的办法是不中用的。我们要有乡约,一定也要有保甲、社仓、社学。我们要有保甲,一定也要有乡约、社仓、社学。因为乡约代表精神一面,保甲、社仓、社学代表事功的三面,所谓'一纲三目''一虚三实',互为因果,互相关联,绝不能单独成功。清代对于乡治的提倡就是这样一个支离破碎的提倡,乡约、保甲、社仓社学各有主管,不生关系。又怎么能有完美的效果呢?"②社会治理既要有精神层面,又要有制度层面。清代的乡规民约脱离了保甲、社仓和社学后,变成了单纯的圣谕的宣讲,这种圣谕原本是皇帝的命令,并非乡村自身的内生规则,所以其内容并不贴合农村的实际,不免沦为空洞的说教。而对于广大乡民来说,封建礼教固然重要,而社会保障、乡村安全、教育等问题则关乎其生存。当乡约把这一切全都抛弃时,自然不会收到良好的社会效果。

当然,清代官办乡约的发展,也并非一无是处。咸丰初年,江苏等地设立乡约局就是一个创新。为了抵御太平天国,江西先是办团练。咸丰四年(1854年),江苏提学担心团练不够精锐,就召集当地的士绅集议。经过商议,士绅们提出将团练和乡约结合起来,"若仅讲团练,不以文教治

---

① 杨开道. 中国乡约制度[M]. 北京:商务印书馆,2015:200.
② 杨开道. 中国乡约制度[M]. 北京:商务印书馆,2015:189.

之，练丁即有勇，何能知方？愚顽且思逞，岂甘守法？若与宣讲乡约，练丁则忠义明而果敢气作矣，愚顽则孝弟敦而守望志坚矣"。通过乡约来增加团练的凝聚力，众志成城，共同抵御太平天国。这个主张受到当地官府的赞许，江阴县（今江苏省江阴市）在咸丰四年设乡约局，请士绅宣讲乡约。宣讲的内容突破了圣谕的局限性，增加了许多社会救济的关系民生的内容。有积谷说、施粥说、恤孤说、扶病说、救溺婴说等，都是提倡公益的善事。如"积谷说"提倡"各乡悉仿行朱子社仓法量力而行"。或积谷数百石或千余石，在青黄不接时借贷给乡民，秋后加息偿还。"扶病说"是对于无力治病的乡民，"有力者，助以钱米，使糊口有资，医治有费。则扶其一人之病，实扶其一家之病也"[③]。乡约寓劝于救济之中，教养兼施，在倡行乡约的同时，兴办各种地方善举。这在一定程度上克服了清代乡约重教不重养的缺陷，确实是清代乡约的一个亮点。但遗憾的是，乡约局设立不过十来年，便走到了尽头，它未能阻挡住太平军进攻的步伐，更无法改变清代乡约日益衰亡的命运。

《江苏常州府江阴县乡约局规》（咸丰五年四月）

一、圣谕广训直解及训俗遗规、养正遗规等书，多印备用。

二、城局向设邑庙，于咸丰八年孟夏公议峏设寺巷恤孤。东垫、前埭、正厅三楹，为官绅汇集之所，后埭、西书房为局中帐房，门墙额"乡约总局"四字。

三、城董十人，务各集思广益，办事认真。一经传请，必须到局。平时到局与否，听便。

四、城乡先行给示谕，保访举孝悌忠信好善乐施、急公慕义之人及贞孝节烈妇女，由保甲及公正之人录送事迹，造册到局，以备查访的实，申详给奖，概不取费。

五、城董接谕帖后须到局，议举讲生二人，酌送修资。分朔望，宣讲忠孝节义古今事实、善恶因果等话。其行礼宣读圣谕，仍归礼生照旧奉行。

[③] 牛铭实.中国历代乡规民约[M].北京：中国社会出版社，2015：57.

六、乡董每镇酌举二人，由官长延请到局，共同选举老成持重堪胜讲生之任者二人，保送到局。俟局察访，然后呈县谕知。

七、四城分讲，东则乘愿庵，西则长乐庵，北则天后宫，南则十方庵，中则广福寺、城隍庙。其六处周而复始，依期讲读，毋愆期并举。

八、三十六镇，每月朔三镇董事同讲生到城局一叙，每月望亦如之。六月一周，每年轮值二次，所费无多。到局可听城中讲法，而乡间讲生如有心得，城中讲生亦资切磋。如遇乡间讲生未能畅达之处，可请城中讲生到乡导讲。其一切仪节，前期通知务令整齐严肃，庶可行之久远。

九、各乡宣讲，乘其农隙，分期挨路，各定村坊配搭均匀。周而复始，不数不疏。一切小费，在乡酌劝起捐，切忌苛派。一年期满，造册报销，汇齐总局申送详报。

十、城中总局各费，初行借垫。俟局立法行，舆情踊跃，再议接济。每月朔望，三镇到局盘川归乡董支值，供应一日归城局承值。

十一、各乡每年轮挨到局二次，外尚须于周年后各镇汇齐到局，将各乡一年后人心风俗转移事实，造册申送，互相观摩惩创。此即太师史成风之意，方不视为具文。到局供应一日，亦归城局承值。

十二、城局惟司帐一人、应接一人、值局一人，每日一荤一素开支饭食。在庙祝处寄饭给费，每人每日七十文，按日计算。至承行贴写等费，随时酌贴。其出入款目，一年后开报昭告。城隍尊神外遍贴通衢，以昭诚信。

3.民间乡约的内容向务实的方向发展

清代官办乡约和民办乡约并存，官办乡约以宣扬圣谕为主，内容逐渐僵化。民办乡约内容却出现了务实化倾向，出现了大量有关山林保护和社会治安、公共资源分配等方面的乡规民约。这些乡规民约在当地起着非常重要的作用，因此实施效果很好，其效力渊源，本书会在后文中进行分析。比如前文提到的贵州省锦屏县文斗村，就是靠着勒石立契等乡规民约的形式使当地的林业经济得以健康有序地发展。地处皖浙赣三省交界之地的徽州（包括徽州府歙县、休宁、婺源、祁门、黟县和绩溪六县），自宋代以来，林业经济一直是徽州的支柱性产业，同样也是通过乡规民约来加强对森林植被的保护，以维护生态平衡，维持当地居民最基本的生存和生产条件。卞利在对徽州文化遗存进行调查期间，发现和抄录了300余通碑刻资料，其中有不少是关于封山育林、严禁乱砍滥伐、保护森林植被免遭破坏的珍贵碑刻。本书转引其论文《明清时期徽州森林保护碑刻初探》中记载的永禁碑碑文[①]。

永 禁 碑

特授祁门县正堂加五级纪录五次赵为恳恩示禁等事。据西乡十七都民人程加粲、之瑶、延芳、元顺等禀：环砂地方山多田少，向赖蓄养山材，河通江右，以活民生。近数年来，非惟材木少觏，即采薪亦艰。揆厥弊端，总因燎原莫扑，本根既无绝故也。今幸合境人心深感宪化，悠然否变，演戏公议，立约定规。纵火挖桩，在所必禁；松、杉二木，在所必蓄。违者，罚戏一台。但恐日后犯规不遵，硬顽难制，谨粘养山合墨，呈叩恩赏示禁，永垂警后。始振文风，继兴地利，世世被泽等情到县。据此，合行示禁。为此，示仰环砂地方居民人等知悉。嗣后，该山挖桩及私砍树木纵火等情，概依合文例禁。倘敢故违，许业主人等协合地保查明，赴县具禀，以凭拿究，决不姑宽。该业主亦不得藉端滋讼，各宜凛遵毋违。

特示遵 右谕通知 嘉庆二年十一月

综上，清代是乡约的衰落期，最根本的原因是乡规民约从由乡民自我管理、自我教育、自我约束，以达到修身、齐家目的的自治规约演变为皇权代言的工具，为官府所控制。当然乡规民约在发展过程中不可能是孤立的，势必要和国家法发生关系，但是清代乡规民约完全成了圣谕的载体，其出发点与乡治的精神相背离。乡规民约原本是乡土社会内生的规则，如此一来，乡规民约则脱离了乡民社会，成为无源之水，无本之木，其条文走向僵化是必然的。而蜕变成圣谕的乡规民约由于脱离了农村的社会实际，在官僚阶级的执行过程中难免发生偏离或大打折扣，这样，皇帝圣谕即使到了底层社会，

---

① 卞利.明清时期徽州森林保护碑刻初探[J].中国历史，2003（2）：111.

也很难有实际的作用。同时，统治者对于乡规民约的倡导只是片面的，始终没有把乡约、保甲、社仓、社学结合起来，这破坏了乡治理论的结构性，圣谕广训宣讲乡约只注重教化功能，在客观上造成了乡治的基本功能无法有效地发挥。总之，清代圣谕宣讲乡约最大的问题是将自明代以来的乡治体系片面地分割开来，原有的乡治体系顿时陷入解体，"只剩下一套定期的政治教育而已"。因此，宣讲圣谕的结果是使乡规民约在短暂的辉煌之后很快又归于漫长的沉寂。但是民办乡约所蕴含的一些环保理念、社会治理的理念确实值得我们当代基层治理借鉴。这一时期也存在一些由乡村领袖发起创制的乡规民约，因其关注乡民的公共生活，反映基层民众的某些诉求，通过道德教化和相关惩罚机制的约束，使传统的乡村社会得到了有效治理，如上文提到的徽州等地的森林保护碑刻，成为清代乡约发展的亮点。

清末民初，乡规民约出现过短暂的复兴。近代的乡规民约不再是政府的言论工具，也不再以宣扬圣谕为主，而是成为村民自治的制度依据。河北省翟城村隶属直隶定县（今河北省定州市）是近代中国农村自治的实例，从清末到20世纪30年代，自治长达30多年。该村先是办教育，随后是改良社会风俗及凿井、看守庄稼等生产、卫生、道路、保卫等公共事项，建立起一系列乡规民约。在翟城村乡规民约的建设过程中，当地的米氏家族和近代乡村研究著名学者晏阳初作了很大贡献。米家是村中望族，清末族长米鉴三在村民当中威望极高，村民发生矛盾纠纷，常找米鉴三做调解人。20世纪初，顺应清政府推行的新政、定州办起了劝学所，米鉴三担任学董，他还腾出自家四间房舍，在村里开办育正学堂。米鉴三积极倡导移风易俗。他开办好学塾，使女子也有机会接受教育，他破除迷信，将用于迷信活动的钱，全部充作本村教育及其他公益基金。制定《查禁赌博规约》使翟城村成为当时地方改良的模范样本。米鉴三之子米刚留学回国后，与人合著《翟城村志》，这是定州历史上第一部村志。当时正在寻找平民教育实验合适地点的晏阳初读到《翟城村志》中的《翟城自治规约》时，立马找到米边刚，二人合作选取定县作为华北实验区中心，作为乡村改造的社会实验场。但是由于时局动荡，改革活动很快被迫中止。

另外一个有代表性的是阎锡山在山西进行的村政建设。民国初期，阎锡山运用政府强制力在山西境内推行"村政建设"运动，山西各地农村普遍制定了大量名为"村范""村禁约"之类的乡规民约，用以规范村民言行，惩恶扬善。阎锡山推行的村制建设中的乡规民约很有特色，出现了以"人民"命名的乡约——《人民须知》，此外还有《村长副须知》《家庭须知》《诉讼程序浅释》。《村长副须知》是向村长副宣讲的材料，《人民须知》和《家庭须知》用来向人民宣教，内容上是融合传统道德、礼节、习俗观念，又加上实用、当代的一些东西，比如公共卫生、宗教信仰、选举、国旗和国歌的调查登记。[①]山西村政兼具社会治安、政治动员、社会救济和文化教育等多重功能；保甲制有利于保证政府完税纳粮、强化社会控制、乡村自治等诸多任务；充分发挥乡约的教化作用，促进传统道德自律与现代民主自治的融合；村社仓制度在一定程度上有利于保障农业生产和农民生活；社学根据当时因贫失学、交通不便以及师资缺乏等现实条件，针对贫困残疾的儿童采取类似半工半读的办法，尽可能地教授失学儿童读书认字。山西村政制度是对古今中外有关乡治理论和实践的大胆借鉴，它既吸收了传统乡治的精髓，同时还间接引入了诸如地方自治、代议制等西方民主宪政制度，此外，它在意识形态上还体现了三民主义、社会主义等。

  总之，清末、民国时期，乡规民约仍然有一定发展，晏阳初、梁漱溟等学者开始通过乡规民约着手乡村民主建设的事件，无疑是近代乡村民主自治的先声，但囿于战乱不休、外敌入侵的不利环境，乡规民约在总体上趋于停滞，一直未有创新性的、实质性的进步。在南京国民政府统治时期，国民党政府为了将统治的触角向基层延伸，扑灭工农武装革命，在基层推行带有反动性质的保甲制度，这在名著《白鹿原》之中也有反映。在该小说之中，作为"总乡约"的田福贤和作为白鹿村"乡约"的鹿子霖，行使的便是国民党政府所赋予的对基层进行统治的公权力，但在其行使权力之时，却受到了族长白嘉轩及其所代表的基层精英和乡村自治传统的消极抵制，但"总乡约""乡约"官职的出现，就已说明当时的乡约制度在国民党政府的控制之下，具有了更加浓重的反动色彩。

---

① 牛铭实.中国历代乡规民约[M].北京：中国社会出版社，2015：69.

二、当代乡规民约的发展

新中国成立后,许多地方的乡规民约都在反封建斗争中被废除了,国家法日益成为乡村社会的主要调整规则。乡规民约的存在和发展受到了空前的限制。因此自新中国成立一直到改革开放前,乡规民约作为一种显性的制度淡出了乡村社会,但是仍有一些乡规民约留下的习惯风俗存在于村民的意识形态中,支配着乡民的生活。但是在新中国成立初期的30多年的国家治理过程中,党和国家逐渐认识到国家法不是万能的,国家法的普遍性和宏观性,使其难以贴合农村实际,所以国家法在农村推行总是存在一些壁垒。乡规民约却不同,它是大量农村内生规则的一种,是千百年来乡民文化生活的积淀,比国家法有着更为深刻的社会基础,最重要的是,乡规民约自身蕴含了丰富的社会传统美德,反映了基层民众的正当诉求。20世纪80年代,农村公社制逐渐被废除,建立了村民委员会自治组织,在农村实行基层群众自治,乡规民约重新登上国家治理的舞台。但是,当代的乡规民约既不是封建皇权统治基层的工具,也不是单纯的民间自治规约,而是中国特色社会主义法治体系的一部分,是法治社会下村民民主自治的产物,同时也是国家法的补充。

当代乡规民约的发展经历了以下几个阶段。

(一)当代乡规民约探索阶段(20世纪70年代—1982年宪法修订)

1978年年底召开的十一届三中全会确立了以经济建设为中心、坚持改革开放的基本路线。在广大农村,否定"一大二公"的公社体制,把低效率的集体公有、统一经营、统一生产、统购统销体制,改革为以家庭为单位的联产承包责任制,极大地解放了农村社会生产力,推动了农业和农村社会的飞速发展。农村经济体制改革的巨大成功,使得村民对政治体制改革提出了越来越强烈的要求。这是因为,一方面,广大农民在获得了盼望已久的经济、民主权利以后,为了保护这种来之不易的民主权利,希望其能获得更优越的政治体制方面的条件和空间,发挥更大的效益;另一方面,随着广大农民社会自主性的增强,导致生产大队、生产队等农村基层组织解体,新的农村管理制度又没有建立起来,而国家法由于其宏观性和普遍性,难以对农村的种种微观问题进行及时的回应,致使农村基层社会出现权力真空,社会治安、公共事务、公共事业等处于无人管理的状态。

为了维护农村社会秩序的稳定,一些乡村骨干开始了村民自治的探索。早在1977年,浙江省绍兴市诸暨县(今诸暨市)枫桥镇的一些村庄就着手制定了一系列治安公约,当时的干部认为要搞好治安,总得有个大家能遵守的章程。于是在党支部的领导下,针对本大队存在的问题,讨论制定了治安公约。范忠信在其文章《民主法治视野下的村规民约建设研究》中介绍了《1977年枫桥区檀溪公社泉四大队治安公约》的具体内容:

第一,拥护党中央,严格按照新宪法和国家政策法令办事。

第二,提高革命警惕,不听信谣言,不收听敌台广播,发现反动言行和可疑迹象,立即报告。

第三,按照党的政策,严格监督和教育改造"四类分子"。

第四,自觉维护治安秩序,做好对违法犯罪人员的帮助教育。

第五,保卫社会主义公有制,不糟蹋庄稼,不偷砍山林,不外流,坚决同贪污盗窃、投机倒把活动作斗争。

第六,做好防火工作,维护交通安全。

第七,执行安全防范制度,加强对粮食、现金、票证、农机、农药、耕牛等安全管理。

第八,增强人民内部团结,不准打人骂人。

第九,加强对青少年的法纪教育,坚决同阶级敌人的腐蚀活动作斗争。

第十,尊重社会公德,发扬社会主义新风尚。①

范忠信指出,由于历史的局限性,在那个特殊的历史时期,当地的干部群众对法律的认识总体还比较模糊,但他们已经认识到乡村社会需要自身创造规则来实现自我管理和自我保护,也显示了人民群众具备自我创造规则的

---

① 范忠信. 民主法治视野下的村规民约建设研究 [J]. 公安学刊,2013(3):45.

力量和智慧①。1980年年底，广西宜山（今河池市宜州区）罗城的农民首创村民委员会，以取代正在解体的生产大队的功能，在我国拉开了村民自治的序幕。村民委员会最初只是协助政府维持社会治安，后来逐渐扩大为对农村基层社会政治、经济、文化等诸多事务的自我管理，群众性自治组织的性质逐渐显现。到了1982年年底，全国不少地区的农村都出现了村民委员会或类似的组织。村民委员会在建立过程中，为了取得村民的认同，村民委员会的管理能获得公认的管理依据，充分发挥其管理功能，各地纷纷借鉴传统的乡规民约的形式，结合本村管理的实际需要，由村民共同制定一些管理制度作为村务管理的依据。尽管当时并未明确村民委员会的性质为村民自治组织，也并未明确这些管理制度为乡规民约，但由于这种组织形式和管理制度符合经济体制改革后农村实际和农民的需要，产生了良好的效果，因此被各地悄悄推广，为越来越多的人所接受，同时也得到了当地政府的承认和支持，乃至得到中央的肯定和重视。广西的做法得到重视。有关方面组成联合调查组，深入村民自治发祥地宜山和罗城两县的农村，对村委会的设置范围、组织性质、职责任务、选举程序、会议制度和农民监督等诸方面进行了全面考察，写出专题调查报告。1982年4月，村民委员会被写入宪法修改草案。1982年12月，第五届全国人大第五次会议通过了新修订的宪法。在第一百一十一条中规定：村民委员会是农村基层群众自治组织；村民委员会主任、副主任和委员由村民选举；村民委员会同基层政权的关系由法律规定。宪法的这些规定，确认了村民委员会的性质、功能和法律地位，为农村实行村民自治提供了宪法上的依据。同时，作为村民委员会行使管理权所依据的管理制度——村规民约，也实际上被肯定，这标志着反映民主自治精神的现代乡规民约的产生②。

（二）当代乡规民约的确立阶段（1982年宪法修订—1987年《村民委员会组织法（试行）》的制定）

1982年宪法的制定实施，为农村实行村民自治、普遍建立村民委员会提

---

① 范忠信.民主法治视野下的村规民约建设研究[J].公安学刊，2013（3）：45.
② 张广修，张景峰.村规民约论[M].武汉：武汉大学出版社，2002：19-20.

供了宪法上的依据。1983年10月，中共中央、国务院发出《关于实行政社分开，建立乡政府的通知》，正式宣告人民公社体制的结束，村民委员会作为新的农村自治组织登上了历史的舞台。1985年，全国共产生了94万多个村民委员会。同时，随着村民委员会的普遍建立，乡规民约的制定也提上了日程。1987年11月，第六届全国人大常务委员会第二十三次会议通过了《中华人民共和国村民委员会组织法（试行）》。在这部法律中，首次以法律的形式确立了乡规民约的法律地位。该法第十六条规定，乡规民约由村民会议讨论制定，报乡、民族乡、镇政府备案，由村民委员会监督、执行。乡规民约不得与宪法、法律和法规相抵触。这一条内容尽管显得单薄，但这是有史以来第一次承认乡规民约法律地位的法律，标志着乡规民约，朝着规范化、法制化的方向发展，迈出了重要的一步。

（三）乡规民约缓慢发展时期【1987年《村民委员会组织法（试行）》的制定—2014年十八届四中全会）】

1987年《村民委员会组织法（试行）》正式确立了乡规民约的法律地位后，在相当长时间内乡规民约的发展很缓慢。这一阶段直接关于乡规民约建设的并不多。原因一方面是由于长期以来城乡发展不平衡，国家治理的重点在城镇，而不在乡村；另一方面是尽管从20世纪90年代中期提出"依法治国"基本方针，但是法学界无论是理论领域还是实务领域都关注国家法特别是硬法的制定。导致直到现在，乡规民约的法律位阶、性质、调整范围、制裁措施以及与国家法的关系都不明确。顶层设计的不完备，直接阻碍了乡规民约的进一步发展。即使如此，乡规民约的建设在这一时期还是有一些可圈可点之处。

一是1991年6月7日，经山东省章丘县（今章丘市）埠西镇埠西村第三届第三次村民代表会议审议通过了《埠西村村民自治章程》，这是我国农村第一部村民自治章程。章丘村民自治章程的出现，标志着我国农村村民自治开始步入一个较为自觉的阶段，因为村规民约与村民自治和农村基层民主政治建设找到了结合点。为此，1992年8月，中央组织部、中央政策研究室、民政部、司法部联合在山东省章丘县召开了全国依法治村民主管理经验交流会。

在全国推广章丘模式，掀起了具有一定声势的农村建章立制，即乡规民约的高潮。到1992年年底，5.6万个乡镇和100万个村级组织中开展依法治理活动的比率分别达到了38%和29%。其中13%的乡镇和10%的村级组织实现了全面建章立制，各项工作开始纳入法治的轨道。

二是1997年党的十五大报告正式提出了"依法治国，建设社会主义法治国家"，在乡村治理领域提出"扩大基层民主，保证人民群众直接行使民主权利，依法管理自己的事情，创造自己的幸福生活，是社会主义民主最广泛的实践"。党的十五大，对政治体制改革和民主法制建设提出了更高的要求，为农村以村民自治为内容的政治体制改革和民主法制建设指明了方向。为了贯彻落实十五大提出的战略部署，1998年10月，党的十五届三中全会作出了《中共中央关于农业和农村工作若干重大问题的决定》。该《决定》在总结农村改革20年的基本经验上指出必须承认问题，充分保障农民的自主权，把调动广大农民的积极性作为制定农村政策首要的手段，政治上正确对待农民和巩固工农联盟的重大问题是农村经济和社会发展的根本保障。《决定》指出，要根据党的方针政策和国家的法律，结合本地实际，全体村民讨论制定村民自治章程和村规民约。把村民权利和义务、村级各类组织之间的关系和工作程序以及经济、社会治安、村民风俗、婚姻家庭等方面的要求，规定得明明白白。加强村民的自我管理、自我教育和自我服务，同时强调搞好村民自治，制度建设是根本。[1]

三是1999年11月4日第九届全国人大常务委员会第五次会议通过了修改后的《村民委员会组织法》。该法除了对村民委员会的性质、设立、组成、选举、职责及其与党支部、乡政府、村民会议等村民组织的关系作出了明确具体的规定之外，对乡规民约的规定也予以进一步完善。该法第二十条规定，村民会议可以制定和修改村民自治章程、乡规民约，并报乡、民族乡、镇人民政府备案。乡规民约不得与宪法、法律法规和国家政策相抵触，不得有侵犯人身权利、民主权利和合法财产权利的内容。《村民委员会组织法》虽然对乡规民约直接规定得并不多，但它关于村民会议、村民代表会议，特别是村民委员会

---

[1] 中共中央善于农业和农村工作若干重大问题的决定[EB/OL].[2002-05-16].https://www.chinanews.com.cn.

等村民组织的设立、组成、选举、职权、议事规则以及民主选举、民主决策、民主管理、民主监督等制度的规定，都需要村民自治章程、乡规民约予以制度化、规范化。这成为村民自治章程、乡规民约制定的法律依据和主要内容。《村民委员会组织法》的贯彻执行，必将为以村民自治为内容的农村基层民主政治建设翻开新的篇章，也为乡规民约建设的制度化提供有力的保障。

（四）新时代乡规民约的发展

乡规民约实质性发展是在党的十八大以后。党的十八大以来，基层社会治理备受重视，随着"推进多层次多领域依法治理""健全自治、法治、德治相结合的乡村治理体系""打造共建、共治、共享的社会治理格局"等一系列方针与政策的提出，乡规民约在当代基层治理体系中扮演着越来越重要的角色。党的十八届四中全会明确提出，推进多层次多领域依法治理，支持各类社会主体自我约束、自我管理，发挥市民公约、乡规民约、行业规章、团体章程等社会规范在社会治理中的积极作用，乡规民约成为新时代创新基层治理、实现乡村振兴的重要抓手。2015年2月，中共中央、国务院印发了《关于加大改革创新力度加快农业现代化建设的若干意见》，文件中指出，要善于发挥村规民约的集体作用，把法治建设和道德建设紧密地结合起来。2018年1月，中共中央一号文件《关于实施乡村振兴战略的意见》明确指出，要发挥自治章程、乡规民约的积极作用。2018年7月6日，习近平总书记主持召开中央全面深化改革委员会第三次会议并发表重要讲话，特别强调"激发制度活力，激活基层经验，激励干部作为，扎扎实实地把全面深化改革推向深入"。2018年12月，民政部、中央组织部等七个部门联合发布《关于做好村规民约和居民公约工作的指导意见》提出，到2020年6月底，全国所有村、社区制定或者修订并形成务实管用的乡规民约、居民公约。2020年1月2日，党中央、国务院发布的《关于抓好"三农"领域重点工作 确保如期实现全面小康的意见》中再次强调，完善乡规民约，推进村民自治制度化、规范化和程序化。2021年4月颁布的《乡村振兴促进法》第三十条规定，各级人民政府应当采取措施丰富农民文化体育生活，倡导科学健康的生产生活方式，发挥乡规民约积极作用，普及科学知识，推进移风易俗，破除大操大办、铺张浪费等陈规陋习，提倡孝老爱亲、勤俭节约、诚实守信，促进男女平等，创建文明村镇、文明家庭，培育文明乡风、良好家风、淳朴民风，建设文明乡村。最高人民法院2018年10月印发的《关于为实施乡村振兴战略提供司法服务和保障的意见》与2019年1月印发的《人民法院工作要点》中都提到将司法工作与乡规民约、乡风民俗相结合，推动健全自治、法治、德治相结合的乡村治理体系，推进乡村治理体系和治理能力现代化。这体现了国家最高司法机构对乡规民约的认可，预示着国家司法领域将充分利用乡规民约来解决基层矛盾。

第三节 乡规民约的效力渊源

一、传统乡规民约的效力渊源

在中国传统社会，国家立法除了赋役的征发、社会治安的维护外，很少干涉乡民的生活秩序。基层治理一直是以乡民自治为主，这给了乡规民约以广阔的发展空间，形成了一套以"乡规民约"为核心的乡治体系。在等级森严的封建社会里，乡规民约没有皇的权强力支持，却能在乡村令行禁止，有效维护基层社会秩序的稳定与和谐，其深厚的效力渊源值得我们深思。本节以贵州省锦屏县文斗村在乾隆年间制定的《六禁碑》为例，分析乡规民约的效力渊源。

（一）乡规民约的外部效力渊源分析

1. 乡村是乡规民约效力产生的地域基础

首先，我国古代乡村的形成带有浓厚的血缘特征。一个村落往往是由一个或几个大家族发展而来，所谓聚族成乡。《六禁碑》所在的文斗苗寨，就是由两支姜姓家族融合发展而来，至今文斗上下两寨的姜姓人都尊奉同一先祖[①]。在以血缘为纽带的乡村，最佳的社会规范不是法律而是基于血缘的习惯

[①] 何育美.清代民国时期黔东南文斗寨的林业经济习俗研究[D].南宁：广西师范大学，2011：10.

风俗，乡民心目中的权威也不是国家政府，而是家族长，因此，作为集中体现风俗习惯的乡规民约，在调整乡民生活中往往比国家法更具优势。同时，古代乡民社会的封闭性很强，在自给自足的自然经济背景下，乡民们的流动性很小。在近乎封闭的社会环境中，人们具有相同或者相近的生产、生活方式和价值观念。在此基础上形成的乡规民约比之国家法，更贴近乡民生活，也更容易为乡民认同。就《六禁碑》而言，文斗苗寨村民世代靠林而生，很早就形成对古树的崇拜。爱林护林已经成为乡村公共生活的一部分，内化为当地人的信仰。所以《六禁碑》把这些信仰固化为制度时，能够获得乡民的认同并且被很好地遵守。此外，封闭的熟人社会增加了乡规民约的震慑力。乡规民约的效力依靠社会公信力和公断力维护，一旦被认定为违背乡规，就会失信于整个乡民社会。"父兄在旁，子孙在下，众口共举，众目共斥"[1]，这种舆论的压力比刑罚加身还要厉害。

2. 乡村领袖是乡规民约效力产生的领导基础

乡村领袖是乡规民约的首倡者，也是乡规民约制定、实施的领导者。古代乡村领袖是综合财富、权力和声望三方面的因素产生的。它包括生活在乡村社会具有官僚身份的卸任、离任官员，也包括在外做官但仍对原籍乡村社会产生影响的官僚，还包括有功名的儒生、地主、宗族长和具有较高声望的乡绅，他们也被称为乡村精英阶层。这些乡村精英具有一定的文化水平和丰富的社会阅历，在胆识、魄力、能力等方面要高于其他村民。在乡规民约的制定和实施过程中，乡村领袖自然成为领导核心。如《六禁碑》形成过程中，苗寨族长起着关键作用。他不唯利是图，深谋远虑，而且极具智慧。在乡村秩序面临失控危险时，他利用乡民对神灵的敬畏，假作欲砍护寨神树，此举不仅有效地遏制了乱砍滥伐行为，而且还顺势制定了《六禁碑》，对乡民进行永久约束。还有著名的《吕氏乡约》的创始人吕氏兄弟一族，"或以良吏治郡县，或以宰相持国柄，或以操行闻士林，或以名儒扬关学"，亦是蓝田望族。"朋友信之，乡党崇之"[2]，所以其制定的《吕氏乡约》才能名扬关中。在制定和实施乡规民约的过程中，乡村领袖的价值观念、意识形态通过文字转化为

---

[1] 杨开道.中国乡约制度[M].北京：商务印书馆，2015：144.
[2] 杨开道.中国乡约制度[M].北京：商务印书馆，2015：240.

乡规民约，并凭借自己的社会威望，引导、督促乡民积极落实。

3. 乡民合意是乡规民约效力产生的群众基础

领袖的"首倡"固然重要，但如果只是领袖的首倡，那就只是一个人的法则，"人存政举，人亡政息"，其效力只是暂时的。《六禁碑》能够勒石立碑，虽由宗族长首倡，但必定经过全寨的同意方能实现长久约束。不仅是《六禁碑》，许多乡规民约都明确规定，乡规民约的制定必须乡民合意。如《吕氏乡约》规定"乡约中有绳之稍急者，诚为当已逐，施改更从宽。其来者亦不拒，去者亦不追，固如来教"，表明《吕氏乡约》入约、退约完全尊重当事人的意志，在惩罚上也是以乡民能够接受为标准。明代《上祖社条》中多次出现"众集再商量""众意商量，然可书条""若约有不便之事，共议更易"①。乡民合意构建起乡民和乡规之间的情感桥梁。一方面通过乡民合意，乡规民约能够比较准确地反映乡民的利益需求，及时地解决社会矛盾，实现对乡村的有效治理；另一方面，乡民合意的过程中，每个人的意见都能得到反映，也最大限度地化解了乡民和制度之间的情感壁垒。每位乡民都会以主人翁的态度去对待乡规民约，把乡规民约的制定当作自己的事业，把禁令作为内心的信条自觉遵守。所以乡民合意是乡规民约效力产生最重要的外部渊源。

4. 国家法的支持是乡规民约效力的制度保障

《六禁碑》中第五条禁令是"不许赶瘟猪牛进寨，恐有不法之徒宰杀，不遵禁者，送官治罪"。这说明官方对《六禁碑》的禁令是认可和支持的，并且为禁令实施提供兜底保障。以"扭送官府"作为最严厉的惩罚普遍见于乡规民约中，如云南省剑川县金华山麓设立于乾隆四十年（1775年）的保护公山碑中就有"剑西老君山为全滇山祖，安容任意侵踏。如敢私古公山及任意砍伐、过界侵踏等弊，许看山人等扭禀"②。这说明乡规民约虽然独立于国家法之外，但是并未和国家法完全断裂，相反在其发展过程中积极寻求和国家法的融通与对接，并将国家法作为其效力发挥的终极保障。对此，梁治平在《清代习惯法：社会与国家》中指出："习惯法具有一种看似矛盾的双重性。一方面，它

---

① 刘笃才. 中国古代民间规约引论 [J]. 法学研究, 2006（1）：137-149.
② 佟宝山. 西南少数民族传统文化中的生态环保观 [J]. 辽宁大学学报（哲学社会科学版），2007（6）：100-103.

是民间的自发秩序,是在'国家'以外生长起来的制度。另一方面它又以这样那样的方式与国家法发生联系,且广泛为官府认可和依赖。"[1]事实上,乡规民约并非作为国家法的对立物,而是鉴于国家法在乡村空白应运而生。乡规民约从来没有刻意地去排斥国家法,甚至明文规定乡规民约是国家法的辅助。如童健飞所著《大新县志》记载,清道光年间,万承土州冯庄、潭邑两村乡规碑规定:"尝闻国有法而乡有规,盖国法明而后善良安,亦乡规立而后盗窃息,是乡规者亦国法之一助也。"[2]乡规民约与国家法的融通并没有丧失其本身的自治性,反而因此获得了国家的认可,为乡约的发展争取了更广阔的空间。乡规民约的发展历程也证实,到了明代中叶,正是有了国家公权力的介入,乡规民约才有了较大发展,不仅数量增加、覆盖范围广泛,而且类型多样,理论体系趋于完备,涌现出了王阳明、章潢、吕坤、陆世仪等乡约领袖。

(二)乡规民约效力的内部渊源

乡规民约内部效力渊源则是从乡规民约自身去探寻,乡规民约对传统信仰的传承、对乡民矛盾的有效化解、对乡民利益的合理分配以及明确的追责机制,是其效力产生的内部渊源。

1. 乡规民约凝聚了乡民共同的文化信仰

共同的信仰是民族的凝聚力,也是宗族的凝聚力,乡民们共同的信仰集中地寓于乡规民约当中。就《六禁碑》而言,它体现的就是文斗人世代相传的古树崇拜,这是文斗苗族同胞的重要信仰之一。"靠山吃山",居住在文斗的苗族先民们很早就开始了伐木烧炭的林业活动,林木成为文斗先民们的生存之源。就像古希腊人认为城邦是自然进化的产物,从而产生了对自然的崇拜一样,文斗人靠林而生,也因此产生了对树木的亲密感情和敬畏之心,认为森林具有超人类的力量,所以古树崇拜是该区域少数民族共同的信仰。文斗人将寨子旁边的古树视为村寨的守护神,称为"护寨树"[3]。古枫木和古杉

---

[1] 梁治平.清代习惯法:社会与国家[M].北京:商务印书馆,2015:27.
[2] 童建飞.大新县志[M].上海:上海古籍出版社,2015:451.
[3] 何育美.清代民国时期黔东南文斗寨的林业经济习俗研究[D].南宁:广西师范大学,2011:31.

木是最主要的护寨木，文斗人对这些树精心护理，不得任意砍伐，甚至连树上掉下的叶子都不可以随意捡拾。在护寨树周围还有一片森林，文斗人称之为龙脉林（或风水林）。文斗人认为龙脉之地是祖先和神灵的居所，禁忌随意触摸和砍伐龙脉树。否则，祖宗和神灵动怒，寨上会有灾难发生。所以《六禁碑》中规定：不拘远近杉木，不许大人小孩砍削，如违罚银十两。到油山，不许乱伐乱捡，如违罚银五两。比《六禁碑》晚立12年的石碑规定更明确："此本寨护寨木，蓄禁，不许后代砍伐，存以壮丽山川。"《六禁碑》将村民世代奉行的信仰制度化，村民们自小就生活在这种由信仰所构建的社会制度中，从情感上自然更容易接受。时代变迁，《六禁碑》已经走进历史，但是《六禁碑》所承载的文化信仰却薪火相传，生生不息。

2. 乡规民约能够有效地解决社会矛盾

清初，文斗逐渐成为国家的木材供给中心，"苗木屡贡于朝"。林业经济日益繁荣，林木贸易成为文斗苗寨的支柱产业。在暴利的诱惑下，时人滥伐树木的现象日益严重，因山场林木股数和界址不清的纠纷日益增多，文斗寨一度被称为"好讼之乡"[①]。清廷虽然制定了相关的文告或法规整顿林木交易市场，但由于这类文告和规则严重脱离苗民生产、生活的实际情况，不仅收效甚微，还激化了社会矛盾，引发苗民的不满甚至起义。以《六禁碑》为代表的乡规民约和林业习俗成为文斗人处理各种纠纷、维护地方秩序的主要手段。自《六禁碑》设立后的200多年间，文斗先民为后人留下了3万份林契文书和100多通环保碑刻。在石碑林契的规范下，文斗人诚信经营，对"情、礼、法"充分维护，同时遵循林业生产规律，从而有效防范和化解了社会纠纷，也使得繁荣于乾隆年间的木材商品贸易持续数百年[②]。因此乡民们对《六禁碑》为代表的乡规制度是发自内心的拥护，行动中自然也会坚定不移地去落实。

3. 乡规民约维护了乡民的共同利益

乡规民约作为乡民自治的产物，在精神层面体现乡民的共同信仰，在制

---

① 何育美.清代民国时期黔东南文斗寨的林业经济习俗研究［D］.南宁：广西师范大学，2011：38.

② 何育美.清代民国时期黔东南文斗寨的林业经济习俗研究［D］.南宁：广西师范大学，2011：40.

度层面必然要体现乡民的共同利益。首先,《六禁碑》维护了乡民的经济利益,这一点在前文中已经论述,不再赘述。其次,《六禁碑》保护了乡民的生存环境。文斗地处深山,乡民们的吃穿住行等基本的物质生产活动都与树木有着密切的联系,树木和土地是他们赖以生存的最基本的物质资料,如果文斗寨的天然林木被砍伐殆尽,不仅生态环境会恶化,村民的生存环境也会岌岌可危。据史料记载,文斗历史上多次发生因为破坏环境而导致自然灾害的事件。如太平天国起义被镇压后,文斗木业贸易又复苏,时局动荡,使得乡规民约的约束力大为削弱,人们近乎疯狂地乱砍滥伐,终于导致1925年出现了罕见的旱灾,大灾过后文斗苗寨半数以上人家绝户[1]。千百年的生存经验使文斗人认识到对林木资源的合理利用事关乡民生存大计,他们创造了养山造林的模式来保持林木资源的可持续发展和生态平衡,并通过乡规民约的形成将其规范化、制度化。最后,《六禁碑》保障公共安全。碑文中除了禁伐树木以外,还有两条,一条是要求各甲承包道路的修缮,另一条是不许赶瘟猪牛进寨,更不许宰杀,分别涉及道路交通和食品安全,都是关乎乡民生计的大事。《六禁碑》文字不多,但是其针对性强,每一条都是经过历史洗礼的乡民们集体智慧凝练的生存法则,自然会在乡民中具有至高无上的权威。

4. 乡规民约明确了追责责任

《六禁碑》对每一种违禁行为都规定了处罚条款,轻则罚银三两,重则罚银十两,甚至送官治罪,可以说处罚力度很大。虽然乡规作为礼俗制度应当以教化为主,但是文斗人面临的是商品经济给传统社会秩序带来的破坏,在林木带来的重利面前,单纯的德礼教化是很难起到作用的。况且文斗地区多为少数民族,鲜受儒家思想熏陶,只有处以罚金,增加其违约成本,方能有震慑作用。通过对政府权威的模仿,设置赏罚奖惩措施,以实现对规则、秩序的追求,是传统乡规民约的共性。如明清时期徽州也有大量的以碑刻形式存在的环保乡约,无不设有惩罚机制,惩罚措施包括罚钱、罚戏、罚酒,最重至送官。如徽州祁门县环砂村一份乡约中规定:"采薪带取松、杉二木,并烧炭故毁,无问干湿,概在禁内。违禁者,罚戏一台。如目观存情不报者,

---

[1] 里丹. 杉木王与六禁碑[J]. 杉乡文学, 2009(8): 27.

查出，与违禁人同例。"① 明确的追责机制是乡约顺利实施的保障，毕竟人性都有逐利的一面，如果违约成本过低或者根本没有成本，很难保证乡民不会因为利益的驱使而破坏乡规民约的规定。

综上，乡规民约效力的外部渊源和内部渊源是相辅相成的，首先，外部因素是内部因素效力发挥的保障。因为乡规民约源自乡民社会，所以必然会承载该地域的传统文化信仰；因为乡规民约是乡民自治的产物，所以其内容必然体现乡民共同利益，推动当地的经济发展；因为有了国家法的认可和支持，所以乡规民约的处罚才更有震慑力。其次，内部效力渊源进一步加深了乡规民约对整个乡民社会的联系。正是由于乡规民约能够体现传统信仰，维护社会秩序，乡民才会对其产生高度认同，进而以更高的热情参与其中；正是由于乡规民约具有追责机制，能够实现基层社会的有效治理，国家法才逐渐对其认可、支持。最后，在内部渊源和外部渊源的综合作用下，乡规民约将乡村、乡民、乡情紧密地联系起来，在乡村内部形成一个圆融自治的治理体系。

二、传统乡规民约对当代乡规民约效力生成的启示

通过对历史的回顾和对现实的反思可以得出，凡是能够维护村民共同利益、提高村民生活水平、有效解决村民矛盾的乡规民约就能获得村民认可，进而能够顺利实施；凡是脱离农村社会实际和村民实际需要的都不可避免地成为一纸空文。② 因此当代制定乡规民约应当以村民利益为核心，以提高村民福祉为目标，以村民为主体，具体内容应当从思想基础、经济基础、群众基础、制度保障四个方面规定。

（一）思想基础：体现乡民信仰

德国法学家萨维尼对法律最经典的论述是法律的本质蕴含在民族精神中。

---

① 卞利. 明清时期徽州森林保护碑刻初探 [J]. 中国农史，2003（2）：110-116.
② 赵霞，刘依霖. 规避与借鉴：法治中国视角下发展乡规民约的理念变迁 [J]. 石家庄铁道大学学报，2017（9）：68.

他指出一个民族之所以能够融为一体，是由于这个民族的共同信念，是由于一个民族内部的同族意识。在复杂的生活中，法律规范本身可能寓于普遍的信仰的目标之中[①]。乡规民约作为乡民社会内生规则，源于社会习惯，形成于乡民合意。受国家立法技术因素影响少，应该更加集中体现当地乡民的理念信仰。这样的乡规民约才有精神内核，才有发展活力。《六禁碑》历经200多年，依然让当地人心存敬畏，就是因为其体现了乡民对古树的信仰，只有信仰不变，条文的约束力就永远存在。因此当代乡规民约构建过程中，应当深挖当地优秀的文化传统和道德观念，将其融入乡规民约中，不仅能够大大增加乡民对其的情感认同，聚民心、汇民智，而且对于弘扬传统文化、引领文明乡风、坚定文化自信亦有积极作用。

（二）经济基础：助力乡村产业振兴

经济基础决定上层建筑，上层建筑反作用于经济基础。乡规民约作为民间法一定要与当地的特色经济或支柱产业相结合，助力产业振兴。文斗村《六禁碑》是以林业经济为基础的，当代实施效果好的乡规民约也都充分体现了对当地产业经济的维护和推动。比如浙江省安吉县双一村，毛竹是当地主要的经济作物，竹林保护是本村乡规民约的重要内容。早在1983年乡规民约就规定加强山林管理，节约用竹用木；搞好护笋养竹，偷挖冬笋、小笋，罚款1至10倍；毛柴不准出卖送人。[②]因此，乡规民约在制定过程中要形成与当地经济的良性互动，乡规民约助力产业振兴、经济发展，则会不断丰富乡规民约的内涵，完善乡规民约的形式，使乡规民约在乡村振兴中扮演越来越重要的角色。

（三）群众基础：村民高度认可

提高村民的认可度，一是要让村民参与进来。杨开道先生指出："乡村是人民的乡村，社会是人民的社会，大家有了了解，大家有了契约，才能办

---

① 徐爱国，王振东. 西方法律思想史 [M]. 北京：北京大学出版社，2002：276.
② 浙江安吉：《村规民约》里见生态变迁 [EB/OL]. [2019-09-19]. https://www.xuexi.cn/lgpage/detail/index.html?id=630192301398937795.

理乡村的事业,维持社会的礼教。"因此当代乡规民约的制定应当以村民为主体,在程序设计上可以采用网络征集、网民投票等方式,让大多数村民都有发表自己意见的平台,让村民真切感受到制定乡规民约是自己的事情,并从中获得荣誉感。二是乡规民约的内容要和乡民切身利益密切相关,维护乡民的共同利益。利益是政治认同不变的动力,无论是乡村精英还是普通村民最终都是为了寻求利益。[①]调整村民重要的权利与义务,及时解决乡民纠纷,做到矛盾不上交。当前乡规民约在内容上应当更注重民生领域,特别是增加扶贫救恤的内容。三是加强乡规民约的宣传力度,提高村民对乡规民约的认识。村委会或者乡镇政府应当组建专门的宣传队,定期宣讲,此外可以把乡规民约编成顺口溜或者快板等村民喜闻乐见的方式进行演绎,村民耳濡目染,潜移默化中将乡规民约内化于心,外化于行。

(四)制度保障:切实可行的惩戒措施

乡规民约必须有罚则措施,这一点在七部委联合出台的《关于做好村规民约和居民公约工作的指导意见》中也有规定,其中提到乡规民约、居民公约要坚持问题导向,提出有针对性的抵制和约束内容。乡规民约、居民公约一般还应针对违反的情形提出相应惩戒措施。从社会环境来看,当代乡村在商品经济大潮的冲击下,农村社会封闭性被打破,村民行为多为经济利益左右,单纯的教化很难起到规范作用。应当有惩罚性措施,使其在信誉或经济上受到损失。比如文斗村当代乡规民约中让违约村民"鸣锣喊寨"以示悔过,对集体造成损失的村民承担违约金[②],这些做法都值得借鉴。同时,注意乡规民约与国家法相衔接,一旦触犯国家法律,必须移交国家司法机关,不可以擅自处分,更不可动用私刑。

---

① 金根.传统乡规民约的价值、经验与启示——基于《南赣乡约》文本分析角度[J].中国农业大学学报,2014(4):8.
② 何旺旺.乡规民约的历史嬗变及其在当代基层社会治理中的角色定位[J].山东科技大学学报(社会科学版),2018(6):35-36.

第三章　乡村振兴战略的实施与乡规民约

第一节　乡村振兴战略概述

一、乡村振兴战略的提出

乡村振兴战略是在 2017 年 10 月党的十九大报告中首次提出的。2017 年 10 月 18 日，习近平总书记在中国共产党第十九次代表大会上作了题为《决胜全面建成小康社会 夺取新时代中国特色社会主义伟大胜利》的报告。报告在"贯彻新发展理念，建设现代化经济体系"一节中正式提出"实行乡村振兴战略"。报告指出，农业农村农民问题是关系国计民生的根本性问题，必须始终把解决好"三农"问题作为全党工作的重中之重。要坚持农业农村优先发展，按照产业兴旺、生态宜居、乡风文明、治理有效、生活富裕的总要求，建立健全城乡融合发展体制机制和政策体系，加快推进农业农村现代化。乡村振兴战略的提出不是孤立的，党和国家一向对"三农"问题给予高度的重视。从 2004 开始，党中央、国务院的一号文件都以"三农"为核心，从不同方面加强农村社会治理、提高农业现代化建设、提升农民生活幸福指数（见表 2-1）。

表 2-1　中共中央、国务院历年一号文件

年份	主题	核心内容
2004	《中共中央 国务院关于促进农民增加收入若干政策的意见》	坚持"多予、少取、放活"的方针，调整农业结构，扩大农民就业，加快科技进步，深化农村改革，增加农业投入，强化对农业支持保护，力争实现农民收入较快增长，尽快扭转城乡居民收入差距不断扩大的局面

（续表）

年份	主题	核心内容
2005	《中共中央 国务院关于进一步加强农村工作 提高农业综合生产能力若干政策的意见》	以严格保护耕地为基础，以加强农田水利建设为重点，以推进科技进步为支撑，以健全服务体系为保障，力争经过几年的努力，使农业的物质技术条件明显改善，土地产出率和劳动生产率明显提高，农业综合效益和竞争力明显增强
2006	《中共中央 国务院关于推进社会主义新农村建设的若干意见》	必须坚持以发展农村经济为中心，进一步解放和发展农村生产力；坚持"多予少取放活"的方针，重点在"多予"上下功夫，要动员各方面力量广泛参与
2007	《中共中央 国务院关于积极发展现代农业 扎实推进社会主义新农村建设的若干意见》	用现代发展理念引领农业，用培养新型农民发展农业，提高农业水利化、机械化和信息化水平，提高土地产出率、资源利用率和农业劳动生产率，提高农业素质、效益和竞争力
2008	《中共中央 国务院关于切实加强农业基础建设 进一步促进农业发展农民增收的若干意见》	要加强农业基础地位，走中国特色农业现代化道路，建立以工促农、以城带乡长效机制，形成城乡经济社会发展一体化新格局
2009	《中共中央 国务院关于2009年促进农业稳定发展农民持续增收的若干意见》	一是农民种粮支持力度再度加大，二是加大力度解决农民工就业问题，三是农村民生建设重点投向农村电网建设、乡村道路建设、农村饮水安全工程建设、农村沼气建设、农村危房改造等5个领域，四是农地流转强调进一步规范
2010	《中共中央 国务院关于加大统筹城乡发展力度 进一步夯实农业农村发展基础的若干意见》	包括健全强农惠农政策体系，推动资源要素向农村配置；提高现代农业装备水平，促进农业发展方式转变；加快改善农村民生，缩小城乡公共事业发展差距；协调推进城乡改革，增强农业农村发展活力；加强农村基层组织建设，巩固党在农村的执政基础等
2011	《中共中央 国务院关于加快水利改革发展的决定》	这是新中国成立62年来中央文件首次对水利工作进行全面部署。提出要把水利工作摆上党和国家事业发展更加突出的位置，着力加快农田水利建设，推动水利实现跨越式发展
2012	《中共中央 国务院关于加快推进农业科技创新 持续增强农产品供给保障能力的若干意见》	首次以中央一号文件的形式，统一全党意志大力推进农业科技改革发展，强调关于农业科技公共性、基础性、社会性的"三性"论述，关于基层农技推广体系改革与建设"一个衔接、两个覆盖"的政策
2013	《中共中央 国务院关于加快发展现代农业 进一步增强农村发展活力的若干意见》	文件对"加快发展现代农业、进一步增强农村发展活力"作出全面部署，要求必须顺应阶段变化，遵循发展规律，增强忧患意识，举全党全国之力持之以恒强化农业、惠及农村、富裕农民

（续表）

年份	主题	核心内容
2014	《中共中央 国务院关于全面深化农村改革加快推进农业现代化的若干意见》	指出全面深化农村改革，要坚持社会主义市场经济改革方向，要鼓励探索创新，在明确底线的前提下，支持地方先行先试，尊重农民群众实践创造；要因地制宜、循序渐进，允许采取差异性、过渡性的制度和政策安排；要城乡统筹联动，赋予农民更多财产权利
2015	《中共中央 国务院关于加大改革创新力度加快农业现代化建设的若干意见》	主动适应经济发展新常态，按照稳粮增收、提质增效、创新驱动的总要求，继续全面深化农村改革，全面推进农村法治建设，推动新型工业化、信息化、城镇化和农业现代化同步发展，努力在提高粮食生产能力上挖掘新潜力，在优化农业结构上开辟新途径
2016	《中共中央 国务院关于落实发展新理念 加快农业现代化实现全面小康目标的若干意见》	用发展新理念破解"三农"新难题，厚植农业农村发展优势，加大创新驱动力度，推进农业供给侧结构性改革，加快转变农业发展方式，保持农业稳定发展和农民持续增收
2017	《中共中央 国务院关于深入推进农业供给侧结构性改革 加快培育农业农村发展新动能的若干意见》	推进农业供给侧结构性改革，要在确保国家粮食安全的基础上，紧紧围绕市场需求变化，以增加农民收入、保障有效供给为主要目标，以提高农业供给质量为主攻方向，以体制改革和机制创新为根本途径
2018	《中共中央 国务院关于实施乡村振兴战略的意见》	对统筹推进农村经济、政治、文化、社会、生态文明和党的建设，都作出了全面部署。按照党的十九大提出的决胜全面建成小康社会、分两个阶段实现第二个百年奋斗目标的战略安排，按照"远粗近细"的原则，对实施乡村振兴战略的三个阶段性目标任务作了部署
2019	《中共中央 国务院关于坚持农业农村优先发展做好"三农"工作的若干意见》	聚力精准施策，决战决胜脱贫攻坚；夯实农业基础，保障重要农产品有效供给；扎实推进乡村建设，加快补齐农村人居环境和公共服务短板；发展壮大乡村产业，拓宽农民增收渠道；全面深化农村改革，激发乡村发展活力；完善乡村治理机制，保持农村社会和谐稳定；发挥农村党支部战斗堡垒作用，全面加强农村基层组织建设；加强党对"三农"工作的领导，落实农业农村优先发展总方针
2020	《中共中央 国务院关于抓好"三农"领域重点工作 确保如期实现全面小康的意见》	对"三农"工作作出了全面部署。聚焦两大任务、两个抓好、两个确保。两大任务：打赢脱贫攻坚战，补上全面小康"三农"领域突出短板。两个抓好：抓好农业稳产保供，抓好农民增收。两个确保：确保脱贫攻坚战圆满收官，确保农村同步全面建成小康社会

(续表)

年份	主题	核心内容
2021	《中共中央 国务院关于全面推进乡村振兴加快农业农村现代化的意见》	四项政策助力实现巩固拓展脱贫攻坚成果同乡村振兴有效衔接，七个方面促农业现代化，八大措施强建设，五项举措强领导

内容源自：《农民日报》记者施维、张凤云整理的《23个中央一号文件概要（1982—2021）》

由此可见，党的十九大提出的乡村振兴战略既是对以往乡村政策高屋建瓴的总结，也是对未来乡村发展的前瞻[①]。党的十九大以后，党中央和国家不断出台政策法规，为乡村振兴战略保驾护航。2017年12月28日，中央农村工作会议召开，全面分析了"三农"工作面临的形式和任务，研究实施乡村振兴战略的政策，对实施乡村振兴战略作出了全面的部署。会议指出：

实施乡村振兴战略，要全面贯彻党的十九大精神，以习近平新时代中国特色社会主义思想为指导，加强党对"三农"工作的领导，坚持稳中求进工作总基调，牢固树立新发展理念，落实高质量发展的要求，统筹推进"五位一体"总体布局和协调推进"四个全面"战略布局，坚持把解决好"三农"问题作为全党工作重中之重，坚持农业农村优先发展，按照产业兴旺、生态宜居、乡风文明、治理有效、生活富裕的总要求，建立健全城乡融合发展体制机制和政策体系，统筹推进农村经济建设、政治建设、文化建设、社会建设、生态文明建设和党的建设，加快推进乡村治理体系和治理能力现代化，加快推进农业农村现代化，走中国特色社会主义乡村振兴道路，让农业成为有奔头的产业，让农民成为有吸引力的职业，让农村成为安居乐业的美丽家园。

2017年12月29日至30日，全国农业工作会议在北京召开，会议总结了过去五年的工作，研究实施乡村振兴战略措施，指出：

要坚持以实施乡村振兴战略作为新时代农业农村经济工作的总抓手，深刻认识实施乡村振兴战略的重大意义、总体要求、重点任务和农业部门肩负的重大责任，切实看到实施乡村振兴战略给农业农村经济发展带来的重大战

---

① 林峰，等．乡村振兴战略规划与实施[M]．北京：中国农业出版社，2019：14.

略机遇，把大力发展农村生产力放在首位，紧紧围绕产业兴旺下功夫，为实现乡村繁荣、农民富裕提供物质条件，并在产业发展进程中促进其他方面发展，实现经济、政治、文化、社会、生态等各方面的全面振兴。

2018年2月4日，中央一号文件《中共中央 国务院关于实施乡村振兴战略的意见》正式发布，使乡村振兴战略有了明确的实施指导方针，乡村振兴战略的实施全面铺开。习近平总书记在主持中共中央政治局第三次集体学习时强调，乡村振兴是一盘大棋，要沿着正确方向把这盘大棋走好，必须规划先行，科学制定乡村振兴的战略规划。2018年9月26日，由国家发改委牵头，会同有关部门，根据2018年一号文件，颁布了《乡村振兴战略规划（2018—2022）》，部署了一系列重大工程、重大计划、重大行动。这是我国出台的第一个全面推进乡村振兴的五年规划，是统筹谋划和科学推进乡村振兴战略这篇大文章的行动纲领。

2021年党的十九届六中全会通过的《中共中央关于党的百年奋斗重大成就和历史经验的决议》明确指出，党始终把解决好"三农"问题作为全党工作的重中之重，实施乡村振兴战略，加快推进农业农村现代化，坚持藏粮于地、藏粮于技，实行最严格的耕地保护制度，推动种业科技自立自强、种源自主可控，确保把中国人的饭碗牢牢端在自己手中。

二、乡村振兴战略的内涵

2018年9月21日，习近平总书记在主持中共中央政治局第八次集体学习时提出了"产业兴旺、生态宜居、乡风文明、治理有效、生活富裕"的二十字总要求，反映了乡村振兴战略的丰富内涵。本书依据《中共中央 国务院关于实施乡村振兴战略的意见》，从总要求的五个方面进行政策梳理。

（一）产业兴旺

《中共中央 国务院关于实施乡村振兴战略的意见》（以下简称《意见》）指出乡村振兴，产业兴旺是重点。必须坚持质量兴农、绿色兴农，以农业供给侧结构性改革为主线，加快构建现代农业产业体系、生产体系、经营体系，提高农业创新力、竞争力和全要素生产率，加快实现由农业大国向农业强国转变。《意见》从以下五个方面对"产业兴旺"进行阐述。

1. 夯实农业生产能力基础

严守耕地红线，全面落实永久基本农田特殊保护制度；大规模推进农村土地整治和高标准农田建设；加强农田水利建设，提高抗旱防洪除涝能力；加快建设国家农业科技创新体系，加强面向全行业的科技创新基地建设；推进我国农机装备产业转型升级；优化农业从业者结构，加快建设知识型、技能型、创新型农业经营者队伍；大力发展数字农业，实施智慧农业林业水利工程，推进物联网试验示范和遥感技术应用。

2. 实施质量兴农战略

制定和实施国家质量兴农战略规划，建立健全质量兴农评价体系、政策体系、工作体系和考核体系；优化农业生产力布局，创建特色农产品优势区；实施产业兴村强县行动，发展现代高效林业；优化养殖业空间布局，统筹海洋渔业资源开发；建立产学研融合的农业科技创新联盟，加强农业绿色生态、提质增效技术研发应用；实施食品安全战略，完善农产品质量和食品安全标准体系，加强农业投入品和农产品质量安全追溯体系建设，健全农产品质量和食品安全监管体制，重点提高基层监管能力。

3. 构建农村一二三产业融合发展体系

大力开发农业多种功能，延长产业链、提升价值链、完善利益链，通过保底分红、股份合作、利润返还等多种形式，让农民合理分享全产业链增值收益；实施农产品加工业提升行动，加强农产品产后分级、包装、营销；建设现代化农产品冷链仓储物流体系，打造农产品销售公共服务平台，健全农产品产销稳定衔接机制，大力建设具有广泛性的促进农村电子商务发展的基础设施，加快推进农村流通现代化；实施休闲农业和乡村旅游精品工程，建设一批设施完备、功能多样的休闲观光园区、森林人家、康养基地、乡村民宿、特色小镇。

4. 构建农业对外开放新格局

优化资源配置，着力节本增效，提高我国农产品国际竞争力；实施特色优势农产品出口提升行动，扩大高附加值农产品出口，建立健全我国农业贸易政策体系；深化与"一带一路"沿线国家和地区农产品贸易关系；积极支持农业走出去，培育具有国际竞争力的大粮商和农业企业集团；积极参与全球粮食安全治理和农业贸易规则制定，促进形成更加公平合理的农业国际贸易秩序；进一步加大农产品反走私综合治理力度。

5.促进小农户和现代农业发展有机衔接

统筹兼顾培育新型农业经营主体和扶持小农户，把小农生产引入现代农业发展轨道；培育各类专业化市场化服务组织，推进农业生产全程社会化服务，帮助小农户节本增效；发展多样化的联合与合作，提升小农户组织化程度；注重发挥新型农业经营主体的带动作用，打造区域公用品牌，开展农超对接、农社对接，帮助小农户对接市场；扶持小农户发展生态农业、设施农业、体验农业、定制农业，提高产品档次和附加值，拓展增收空间；改善小农户生产设施条件，提升小农户抗风险能力；研究制定扶持小农生产的政策意见。

（二）生态宜居

生态宜居是乡村振兴的关键，良好的生态环境是农村的最大优势和宝贵财富。必须尊重自然、顺应自然、保护自然，推动乡村自然资本加快增值，实现百姓富、生态美的统一。《意见》从山水林田湖草治理、农村环境问题治理、生态补偿机制、生态产品与服务四个方面，对推进乡村绿色发展、打造人与自然和谐共生新格局提出了指导意见。

1.统筹山水林田湖草系统治理

实施重要生态系统保护和修复工程，健全耕地草原森林河流湖泊休养生息制度，扩大耕地轮作休耕制度试点；科学划定江河湖海限捕、禁捕区域，健全水生生态保护修复制度；开展国土绿化行动，推进荒漠化、石漠化、水土流失综合治理；强化湿地保护和恢复，完善天然林保护制度，扩大退耕还林还草、退牧还草，建立成果巩固长效机制；继续实施三北防护林体系建设等林业重点工程；继续实施草原生态保护补助奖励政策；实施生物多样性保护重大工程，有效防范外来生物入侵。

2.加强农村突出环境问题综合治理

加强农业面源污染防治，开展农业绿色发展行动；加强农村水环境治理和农村饮用水水源保护，实施农村生态清洁小流域建设；推进重金属污染耕地防控和修复，开展土壤污染治理与修复技术应用试点，加大东北黑土地保护力度；实施流域环境和近岸海域综合治理；严禁工业和城镇污染向农业农村转移；加强农村环境监管能力建设，落实县乡两级农村环境保护主体责任。

3. 建立市场化多元化生态补偿机制

加大重点生态功能区转移支付力度，完善生态保护成效与资金分配挂钩的激励约束机制；鼓励地方在重点生态区位推行商品林赎买制度；健全地区间、流域上下游之间横向生态保护补偿机制；探索建立生态产品购买、森林碳汇等市场化补偿制度；建立长江流域重点水域禁捕补偿制度，推行生态建设和保护以工代赈做法，提供更多生态公益岗位。

4. 增加农业生态产品和服务供给

运用现代科技和管理手段，提供更多更好的绿色生态产品和服务；加快发展森林草原旅游、河湖湿地观光、冰雪海上运动、野生动物驯养观赏等产业，积极开发观光农业、游憩休闲、健康养生、生态教育等服务；创建一批特色生态旅游示范村镇和精品线路，打造绿色生态环保的乡村生态旅游产业链。

（三）乡风文明

乡风文明是乡村振兴的保障。乡村振兴不仅要"塑形"，还要"铸魂"。必须坚持物质文明和精神文明一起抓，提升农民精神风貌，培育文明乡风、良好家风、淳朴民风，不断提高乡村社会文明程度。

1. 加强农村思想道德建设

以社会主义核心价值观为引领，加强爱国主义、集体主义、社会主义教育，深化民族团结进步教育，加强农村思想文化阵地建设；深入实施公民道德建设工程，挖掘农村传统道德教育资源，推进社会公德、职业道德、家庭美德、个人品德建设；推进诚信建设，强化农民的社会责任意识、规则意识、集体意识、主人翁意识。

2. 传承发展提升农村优秀传统文化

深入挖掘农耕文化蕴含的优秀思想观念、人文精神、道德规范，充分发挥其在凝聚人心、教化群众、淳化民风中的重要作用；划定乡村建设的历史文化保护线，保护好文物古迹、传统村落、民族村寨、传统建筑、农业遗迹、灌溉工程遗产；支持农村地区优秀戏曲曲艺、少数民族文化、民间文化等传承发展。

3. 加强农村公共文化建设

按照有标准、有网络、有内容、有人才的要求，健全乡村公共文化服务体系；发挥县级公共文化机构辐射作用，推进基层综合性文化服务中心建设；深入推进文化惠民，公共文化资源要重点向乡村倾斜，提供更多更好的农村公共文化产品和服务；培育挖掘乡土文化本土人才，开展文化结对帮扶，引导社会各界人士投身乡村文化建设；活跃繁荣农村文化市场，丰富农村文化业态，加强农村文化市场监管。

4. 开展移风易俗行动

广泛开展文明村镇、星级文明户、文明家庭等群众性精神文明创建活动；深化农村殡葬改革，遏制大操大办、厚葬薄养、人情攀比等陈规陋习；加强无神论宣传教育，丰富农民群众精神文化生活，抵制封建迷信活动；加强农村科普工作，提高农民科学文化素养。

（四）治理有效

国家治理的关键在基层，基层治理的关键在农村。由于长期以来城乡发展的不平衡，乡村治理成为整个国家治理体系中的短板。因此必须构建乡村有效治理体系，提升乡村治理能力，这是乡村振兴的必然要求，也是提升国家治理能力的重要途径。乡村治理本着社会共治的理念，建立健全党委领导、政府负责、社会协同、公众参与、法治保障的现代乡村社会治理体制，将自治、法治、德治相结合，成为乡村治理的根本遵循。

1. 加强农村基层党组织建设

强化农村基层党组织领导核心地位，创新组织设置和活动方式，持续整顿软弱涣散的村党组织；建立选派第一书记工作长效机制，面向贫困村、软弱涣散村和集体经济薄弱村党组织派出第一书记；实施农村带头人队伍整体优化提升行动，注重吸引高校毕业生、农民工、机关企事业单位优秀党员干部到村任职，健全从优秀村党组织书记中选拔乡镇领导干部、考录乡镇机关公务员、招聘乡镇事业编制人员制度；加大在优秀青年农民中发展党员的力度；建立农村党员定期培训制度，全面落实村级组织运转经费保障政策；推行村级小微权力清单制度，加大基层小微权力腐败惩处力度。

2. 深化村民自治实践

推动村党组织书记通过选举担任村委会主任，发挥自治章程、乡规民约的积极作用；全面建立健全村务监督委员会，推行村级事务阳光工程；依托村民会议、村民代表会议、村民议事会、村民理事会、村民监事会等，形成民事民议、民事民办、民事民管的多层次基层协商格局；积极发挥新乡贤作用，推动乡村治理重心下移，尽可能把资源、服务、管理下放到基层；创新基层管理体制机制，整合优化公共服务和行政审批职责，打造"一门式办理""一站式服务"的综合服务平台；集中清理上级对村级组织考核评比多、创建达标多、检查督查多等突出问题；维护村民委员会、农村集体经济组织、农村合作经济组织的特别法人地位和权利。

3. 建设法治乡村

坚持法治为本，树立依法治理理念，强化法律在维护农民权益、化解农村社会矛盾等方面的权威地位；增强基层干部法治观念、法治为民意识；深入推进综合行政执法改革向基层延伸，创新监管方式，推动执法队伍整合、执法力量下沉，提高执法能力和水平；建立健全乡村调解、县市仲裁、司法保障的农村土地承包经营纠纷调处机制；加大农村普法力度，提高农民法治素养；健全农村公共法律服务体系，加强对农民的法律援助和司法救助。

4. 提升乡村德治水平

深入挖掘乡村熟人社会蕴含的道德规范，结合时代要求进行创新，强化道德教化作用；建立道德激励约束机制，引导农民自我管理、自我教育、自我服务、自我提高，实现家庭和睦、邻里和谐、干群融洽；深入宣传道德模范、身边好人的典型事迹，弘扬真善美，传播正能量。

5. 建设平安乡村

健全落实社会治安综合治理领导责任制，大力推进农村社会治安防控体系建设；深入开展扫黑除恶专项斗争，严厉打击农村黑恶势力、宗族恶势力，严厉打击黄赌毒盗拐骗等违法犯罪；依法加大对农村非法宗教活动和境外渗透活动的打击力度；完善县、乡、村三级综治中心功能和运行机制；健全农村公共安全体系，持续开展农村安全隐患治理；加强农村警务、消防、安全生产工作，坚决遏制重特大安全事故；探索以网格化管理为抓手、以现代信息技术为支撑，实现基层服务和管理精细化精准化。

（五）生活富裕

习近平总书记说："人民对美好生活的向往，就是我们的奋斗目标。"乡村振兴的根本目的是提高农民生活的幸福指数，让农民过上好日子。因此乡村振兴战略的实施应当围绕农民群众最关心、最直接、最现实的利益问题，一件事情接着一件事情办，一年接着一年干，把乡村建设成为幸福美丽的新家园。

1. 优先发展农村教育事业

高度重视发展农村义务教育，推动建立以城带乡、整体推进、城乡一体、均衡发展的义务教育发展机制；发展农村学前教育，推进农村普及高中阶段教育，加强职业教育，逐步分类推进中等职业教育免除学杂费；健全学生资助制度，把农村需要的人群纳入特殊教育体系；以市县为单位，推动优质学校辐射农村薄弱学校常态化；统筹配置城乡师资，并向乡村倾斜，建好建强乡村教师队伍。

2. 促进农村劳动力转移就业和农民增收

健全覆盖城乡的公共就业服务体系，深化户籍制度改革，加强扶持引导服务，实施乡村就业创业促进行动；大力发展文化、科技、旅游、生态等乡村特色产业，振兴传统工艺；实现乡村经济多元化，提供更多就业岗位；拓宽农民增收渠道，鼓励农民勤劳守法致富，增加农村低收入者收入，扩大农村中等收入群体，保持农村居民收入增速快于城镇居民。

3. 推动农村基础设施提档升级

加快农村公路、供水、供气、环保、电网、物流、信息、广播电视等基础设施建设，推动城乡基础设施互联互通；以示范县为载体全面推进"四好农村路"建设，加快实施通村组硬化路建设；推进节水供水重大水利工程，实施农村饮水安全巩固提升工程；实施数字乡村战略，加快农村地区宽带网络和第四代移动通信网络覆盖步伐，提升气象为农服务能力，加强农村防灾减灾救灾能力建设。

4. 加强农村社会保障体系建设

完善统一的城乡居民基本医疗保险制度和大病保险制度，做好农民重特大疾病救助工作；统筹城乡社会救助体系，完善最低生活保障制度，做好农村社会救助兜底工作；将进城落户农业转移人口全部纳入城镇住房保障体系；构建多层次农村养老保障体系，创新多元化照料服务模式；健全农村留守儿童、妇女、老年人以及困境儿童关爱服务体系，加强和改善农村残疾人服务。

5. 推进健康乡村建设

强化农村公共卫生服务，加强慢性病综合防控，大力推进农村地区精神卫生、职业病和重大传染病防治；完善基本公共卫生服务项目补助政策，加强基层医疗卫生服务体系建设，支持乡镇卫生院和村卫生室改善条件；加强乡村中医药服务，开展和规范家庭医生签约服务，加强妇幼、老人、残疾人等重点人群健康服务；倡导优生优育；深入开展乡村爱国卫生运动。

6. 持续改善农村人居环境

坚持不懈地推进农村"厕所革命"，深入推进农村环境综合整治，推进北方地区农村散煤替代，有条件的地方有序推进煤改气、煤改电和新能源利用；逐步建立农村低收入群体安全住房保障机制；强化新建农房规划管控，加强"空心村"服务管理和改造；保护保留乡村风貌，开展田园建筑示范，培养乡村传统建筑名匠；实施乡村绿化行动，全面保护古树名木，持续推进宜居宜业的美丽乡村建设。

乡村振兴是实现农业农村现代化的总目标，也是中华民族伟大复兴的重要内容。习近平总书记提出了乡村振兴战略的"产业兴旺、生态宜居、乡风文明、治理有效、生活富裕"二十字总要求，通过梳理，乡村振兴重点应当突出以下几方面的内容：

（1）"三农"问题始终是党和国家的重中之重

习近平总书记强调，农业农村农民问题是关系国计民生的根本性问题，必须始终把解决好"三农"问题作为全党工作重中之重。党的十九大报告指出，要坚持农业农村优先发展。《意见》对乡村产业经济、政治制度、文化教育、生态环境和社会保障都作出了系统的论述，在干部配备、要素配置、资金投入、公共服务等方面把农业农村发展放在优先位置。

（2）补齐农业现代化短板

推进我国社会主义现代化建设，必须尽快补齐农业现代化这块短板，加强农村现代化这个薄弱环节。以习近平同志为核心的党中央对如何推进农业农村现代化作出总体安排和部署，明确提出到2035年农业农村现代化基本实现，到2050年乡村全面振兴，农业强、农村美、农民富全面实现。《意见》中对于农村治理的薄弱环节，比如农村教育、农村社会保障、农村环境等领域的改革给予资源上的倾斜。在农村教育方面规定："推进农村普及高中阶段教育，支持教育基础薄弱县普通高中建设，加强职业教育，逐步分类推进中等职业教育免除学杂费。健全学生资助制度，使绝大多数农村新增劳动力接受高中阶段教育、更多接受高等教育。把农村需要的人群纳入特殊教育体系。以市县为单位，推动优质学校辐射农村薄弱学校常态化。统筹配置城乡师资，并向乡村倾斜，建好建强乡村教师队伍。"

（3）发展绿色、高质量的农村产业

产业兴旺是乡村振兴的基础，新时代农村产业建设不应当是粗放型经营。习近平总书记说"绿水青山就是金山银山"，多次强调"坚持质量兴农、绿色兴农"，因此新时代农村产业的发展要走高科技、绿色、环保的道路。而且在社会生活中，我国农产品供应数量的问题已经被基本解决，但是农产品质量和安全问题仍然突出，优质、绿色、安全的农产品还远不能满足城乡居民的需要。实现农业高质量发展，关键是把质量兴农、绿色兴农作为核心任务，提高农业供给体系质量和效率。因此发展绿色、高质量的农村产业既是当代经济发展的客观要求，也是满足人民对美好生活向往的客观要求。

（4）实现传统经营和现代农业发展对接

我国人多地少，小规模家庭经营是农业生产经营的主要组织形式。小规模家庭经营在生产效率、产品质量、市场监管、市场风险的抵御方面都存在短板。如何充分发挥小农生产的作用，处理好小农生产与新型农业经营主体的关系，把小农生产引入现代农业发展轨道，是一个亟待破解的难题。《意见》从提供专业化市场化服务，发展多样化的联合与合作，打造区域公用品牌，扶持小农户发展新型农业的实践，改善小农户生产设施条件，提升小农户抗风险能力等多方面推动传统产业经营的现代化转型。

（5）推进乡村治理现代化

乡村治理是国家治理的基石，治理有效是乡村振兴的基础。习近平总书记多次强调，要加快推进乡村治理体系和治理能力现代化。我国的乡村治理是在社会共治理念下的治理，要求治理主体、治理方式、制度规范的多元化。《意见》提出要健全自治、法治、德治相结合的乡村治理体系；建立健全党委领导、政府负责、社会协同、公众参与、法治保障的现代乡村社会治理体制；健全和创新村党组织领导的充满活力的村民自治机制。自治、法治、德治相结合的乡村治理体系，是符合中国国情特点的更加完善有效、多元共治的新型乡村治理体系。其中，自治是基础，法治是根本，德治是先导。自治、法治、德治有机结合，构成乡村治理的完整体系，是乡村社会充满活力、和谐有序的重要保证。

（6）建设美丽乡村

"美丽乡村"的建设可以追溯到 2005 年 10 月，党的十六届五中全会提出建设社会主义新农村的重大历史任务，提出了"生产发展、生活宽裕、乡风文明、村容整洁、管理民主"的具体要求。其中"村容整洁"为后来提出"美丽乡村"的建设奠定了基础。2008 年，浙江省安吉县正式提出"中国美丽乡村"计划，出台《建设"中国美丽乡村"行动纲要》，提出用 10 年左右 r 时间，把安吉县打造成为中国最美丽乡村。农业部于 2013 年启动了"美丽乡村"创建活动，于 2014 年 2 月正式对外发布美丽乡村建设十大模式，为全国的美丽乡村建设提供了范本和借鉴。党的十八大以后，"生态文明"被写入宪法，美丽乡村建设也和生态文明结合在一起。《意见》指出要建立生态宜居的乡村，如创建一批特色生态旅游示范村镇和精品线路，打造绿色生态环保的乡村生态旅游产业链。坚持不懈地推进农村"厕所革命"，深入推进农村环境综合整治；保护保留乡村风貌，开展田园建筑示范，培养乡村传统建筑名匠；实施乡村绿化行动，全面保护古树名木，持续推进宜居宜业的美丽乡村建设。

（7）促进脱贫攻坚与乡村振兴有机结合

习近平总书记指出，要把脱贫攻坚同实施乡村振兴战略有机结合起来，这是重要的理论和实践创新。只有聚焦深度贫困地区、打好脱贫攻坚战，才能为乡村振兴奠定坚实基础。只有实现乡村振兴，才能从根本上解决贫困问题。当前，打好脱贫攻坚战，关键是打好深度贫困地区脱贫攻坚战，攻克贫困人口集中的乡村。近年来，我们瞄准特定贫困群众精准帮扶，向深度贫困地区聚焦发力，激发贫困人口脱贫致富的内生动力。随着乡村振兴战略的深入实施，脱贫攻坚的成果必将不断得到巩固和拓展。

三、乡村振兴战略实施的意义

乡村振兴战略的意义主要体现在思想层面和乡村治理的制度层面。就思想层面而言，乡村振兴战略的提出既是中国优秀传统文化和新时代中国特色社会主义核心价值观的结合，同时也是马克思主义基本原理和中国具体实际相结合。就乡村治理的制度层面而言，乡村振兴战略聚焦国家长期以来高度关注的"三农"问题，对于传统农业的现代化转型，城乡产业融合发展，新时代农村物质文明和精神文明建设，提高农村的生活福祉，实现共同富裕，都规定了指导方针和路线。可以说乡村振兴战略的提出，是国家在建设"三农"过程中的一块里程碑。

（一）乡村振兴战略的提出是"两个结合"的生动实践

"两个结合"是中国共产党坚持把马克思主义基本原理同中国具体实际相结合、同中华优秀传统文化相结合，这"两个结合"是中国共产党百年建设的实践经验，也是中国乡村振兴的必由之路。中国有着五千年的农耕文明，农耕文明下形成的应时、取宜、守则、和谐已深入人心，世代传承。当代社会主义新农村的建设，依然需要继承、弘扬这些优秀的传统文化。只有扎根于历史，不忘传统，乡村振兴战略的实施才有根基，才有凝聚力。中国共产党是马克思主义政党，中国共产党领导的乡村振兴既是马克思主义基本原理在中国乡村地区落地扎根的实践过程，也是中国传统文化在乡村创造性转化和创新性发展的过程。实施乡村振兴战略对于推动马克思主义基本原理同中国乡村发展具体实际相结合、同中华优秀传统文化相结合具有重大意义。首先，乡村振兴战略为推动"两个结合"创造了文化空间。一方面，习近平总书记关于乡村振兴的重要论述既蕴含关于乡村发展的规律性认识，也包含大量关于农业农村现代化、城乡融合发展的理论创新。这正是我们党运用马克思主义基本原理指导走中国特色社会主义乡村振兴道路的重大成果。另一方面，中华文明根植于农耕文化，乡村是中华文明的基本载体，延续了许多农耕文明。繁荣发展乡村文化是乡村振兴的重要内涵，核心就是传承发展中华优秀传统文化，这就为马克思主义同中华优秀传统文化相结合提供了文化空间。其次，高质量乡村振兴为"两个结合"提供了实践基础。"中国乡村地区社会生产力较城市地区相对落后，广大农民整体距离共同富裕还有较大差距，乡村社会亟待加快发展，乡村文化的独特优势与局限性并存。实施乡村振兴战略，就是要根据中国乡村具体实际，运用马克思主义基本原理，在全面推进乡村振兴中传承发展中华优秀传统文化。改革开放之初，我国实行家庭联产承包责任制，就是通过回归传统家庭本位，同时兼顾土地的社会主义所有制，形成了马克思主义基本原理与中国发展具体实际、中华优秀传统文化相结合的成功范例。"①

（二）乡村振兴战略的实施推动传统农业现代化转型

推进乡村振兴，深化农业供给侧结构性改革，构建现代农业产业体系、生产体系、经营体系，激活农村各类生产要素，有利于推动农业从增产导向转向提质导向，从传统农业转向现代农业，增强我国农业创新力和竞争力，为推进农业农村现代化奠定坚实基础。《意见》中提出的夯实农业生产能力基础，加快建设国家农业科技创新体系、数字农业、智慧农业林业水利工程；实施质量兴农战略，制定和实施国家质量兴农战略规划，加强农业绿色生态、提质增效技术研发应用；构建一二三产业融合发展体系，建设现代化农产品冷链仓储物流体系，加快推进农村流通现代化；实施休闲农业和乡村旅游精品工程；培育各类专业化市场化服务组织，推进农业生产全程社会化服务，帮助小农户节本增效；促进小农户和现代农业发展有机对接，引导分散农户之间的联合，提高农户规模化程度，改善小农户生产设施条件，提升小农户抗

---

① 黄承伟.乡村振兴的时代价值[J].红旗文稿，2021（12）：1，29-32.

风险能力；研究制定扶持小农生产的政策意见。这些政策有助于当代农村不断优化提升农业生产力来有效推进农业结构调整、壮大农村不同地域的特色优势产业、保障农产品质量安全、培育优质特色农业品牌、提高农业供给体系的整体质量和效率；壮大新型农业经营主体、发展新型农村集体经济等举措，提高农业的集约化、专业化、组织化、社会化水平，建立现代农业经营体系，提高农业综合生产能力。

（三）乡村振兴战略的实施有利于农村生态环境的保护

建设美丽中国离不开美丽乡村，实施乡村振兴战略，坚持尊重自然、顺应自然、保护自然，统筹山水林田湖草系统治理，加快推行乡村绿色发展方式，加大农村人居环境治理力度，有利于建设生活环境整洁优美、生态系统稳定健康、人与自然和谐共生的生态宜居美丽乡村。建设生态宜居的美丽乡村，一方面，要以生态环境友好和资源永续利用为导向，推动形成农业绿色生产方式，实现投入减量化、生产清洁化、废弃物资源化、产业模式生态化，推进农业绿色发展；另一方面，要以农村垃圾、污水治理和村容村貌提升为主攻方向，持续改善农村人居环境；同时，还要加强乡村生态保护与修复，完善重要生态系统保护制度，促进乡村生产生活环境稳步改善，生态产品供给能力进一步增强。《意见》明确坚持不懈推进农村"厕所革命"，深入推进农村环境综合整治，保护保留乡村风貌，开展田园建筑示范，培养乡村传统建筑名匠；实施乡村绿化行动，全面保护古树名木，对于实现美丽乡村的建设具有重要意义。

（四）乡村振兴战略有利于良好乡风的形成

乡风文明是乡村振兴的重要内涵之一。通过实施乡村振兴战略，一方面能够挖掘中华优秀农耕文化蕴含的乡村文化资源。五千年的中华文明灿烂辉煌，每一个乡村都有千百年传承下来的优秀文化。通过乡村振兴战略将这些优秀传统文化发扬光大，在保护传承的基础上与时俱进地进行创造性转化、创新性发展，不仅能够提升村民的道德水准，而且能够增加乡村的凝聚力。另一方面，通过乡村振兴战略，将社会主义核心价值观采取适合农村特点的方式方法，深入贯彻到每一位村民心中，对于形成优良家风和和谐邻里关系，推进乡村精神文明建设，提高乡村社会文明程度具有重要意义。乡村振兴战略中还指出对民族地区民族村寨、特色院落的保护，挖掘乡村特色文化符号，合理利用民族特色文化资源，发展具有历史记忆、地域特色、民族特点的乡村文化产业，既繁荣了乡村文化，又坚定了文化自信，还有利于民族团结。

（五）乡村振兴战略有利于提升乡村治理水平

乡村治理是国家治理的基础，杨开道先生指出，没有稳定的乡治，上层政权犹如空中楼阁、泥沙中的大厦，怎么能支持长久[①]。首先，实施乡村振兴战略能够加强基层党组织的建设，增加党在农村的领导力。实施乡村振兴战略强调把农村基层党组织建成坚强战斗堡垒，引导农村党员发挥先锋模范带头作用，建立选派第一书记工作长效机制，实施村党组织带头人整体优化提升行动，推动全面从严治党向纵深发展、向基层延伸，强化农村基层干部和党员的日常教育管理监督。其次，乡村振兴战略培育各类型乡村组织，和新型农民形成全面组织体系，促使乡村基层多元组织协同治理模式的形成；通过人才引进、专项培训、县乡统筹招聘等渠道，培养并储备一定数量的乡村治理基层干部队伍，更好地引导、带领广大农民群众积极主动投身乡村振兴大业。最后，乡村振兴战略促进基层治理新格局的构建。乡村振兴促进党组织领导的自治、法治、德治相结合的城乡基层治理体系的形成和健全，逐步实现政府治理和社会调节、居民自治良性互动，不断夯实基层社会治理基础。在乡村组织振兴中实现村民自治、政府服务和道德共建三者有机衔接，进而促进基层治理新格局的形成。

（六）乡村振兴战略有利于提高农民生活水平

实施乡村振兴战略，最终目的是让亿万农民实现对美好生活的向往、走上共同富裕的道路。首先，推动乡村振兴，助力农民群众脱贫致富，需要强化人才支撑。因此乡村振兴战略中提出培养爱农业、懂技术、善经营的新型

---

① 杨开道.中国乡约制度[M].北京：商务印书馆，2015：119.

职业农民，能够保障亿万农民及其家人住上好房子、接受好教育、过上好日子。其次，从提高农民生活水平维度看，乡村振兴战略通过推动乡村建设行动和县域内融合发展，从根本上提高农民的生活水平，提高农民的获得感和幸福感。最后，乡村振兴战略要求以先富带后富促进乡村全面振兴，发挥先富群体引领带头作用。比如，利用守望相助的凝聚力吸引更多的社会主义新乡贤参与乡村建设，搭建平台，创建激励机制，促进资金回流、企业回迁、信息回传、人才回乡，带动农民实现共同富裕；支持家庭农场、农民合作社、龙头企业在产前、产中、产后各环节发挥自身优势，补齐小农户短板，提升生产经营水平和收益；发挥先富地区帮扶协同作用，主要是强化东西部协作，引导东部地区资金、人才、技术向西部欠发达地区流动，用好东部和西部两个具有互补性的市场，充分发挥好市场机制的作用，助推西部落后地区加快发展。

综上，实施乡村振兴战略，是以习近平同志为核心的党中央，从党和国家事业全局出发，立足实现"两个一百年"奋斗目标、顺应亿万农民对美好生活的向往作出的重大决策。习近平总书记指出："要切实做好巩固拓展脱贫攻坚成果同乡村振兴有效衔接各项工作，让脱贫基础更加稳固、成效更可持续。"高质量乡村振兴是我国立足新发展阶段、贯彻新发展理念、构建新发展格局的必然要求。

四、乡村振兴战略的实施与成效

作好乡村规划是乡村振兴战略实施的第一步，随着《乡村振兴战略规划（2018—2022年）》（以下简称《规划》）的正式公布，各省陆续编制了省级规划，出台了配套的工作方案，保障乡村振兴工作的落实。各地在落实乡村振兴战略实践过程中，还形成了很多具有地方特色的实践经验。比如山东省于2018年5月印发了全国首个省级层面的乡村振兴规划，形成了"1+1+5"政策规划体系，围绕着"五个振兴"专题，分别制定工作方案，列明具体目标，突出重点。明确到2022年，山东30%的村庄基本实现农业农村现代化；到2030年，60%的村庄基本实现农业农村现代化。四川省独创"1+6+N"的县域振兴规划体系。其中"1"是县域乡村振兴规划（2018—2022年），是战略性和总体性规划，也是乡村振兴的空间落实和时序安排；"6"指乡村空间布局、乡村产业发展、宜居乡村建设、乡村生态环境、乡村基础设施和公共服务设施建设、古镇古村落古民居和古树名木保护等6个专项规划，是具体深化和落实；"N"指各类年度实施方案及重点镇（特色镇）乡村振兴规划、重点村（特色村）建设规划、有条件的村可组织编制村土地利用规划等，是指导施工图设计和实施的空间落实，最终形成城乡融合、区域一体、多规合一的乡村振兴规划体系。"1+6"为必须编制的规划，各县可自行确定"N"的编制类型和数量。[①]河南省构建了"1+1+N+1"的政策体系，在乡村振兴"1+1+N+1"政策体系中，第一个"1"是今年河南省委一号文件《关于推进乡村振兴战略的实施意见》；第二个"1"是河南省近期即将印发实施的《河南省乡村振兴战略规划（2018—2022年）》；"N"是6个专项行动计划，目前已出台了农村人居环境整治三年行动实施方案、打好精准脱贫攻坚战三年行动计划、乡村治理体系建设三年行动计划、乡风文明建设三年行动计划、科技支撑乡村振兴三年行动计划等5个方案，以及即将印发的加快农业结构调整的专项方案；最后一个"1"是正在制定的乡村振兴工作评价体系[②]。

在《规划》的指引下，各地立足地域特色，扎实推进乡村振兴。

实例一：

北京市门头沟区水峪嘴村：发展民宿 增收致富[③]

20世纪90年代，水峪嘴村以采石为主导产业，村集体家底厚了，村民收入也多了，但生态环境破坏严重，山体破损、灰尘漫天。2007年，水峪嘴村狠下决心关了采石厂，随后在采石区修复植绿。

"山林是我们最大的'靠山'，守好绿水青山，就是守护我们的'金饭

[①] 1+6+N =？答：四川县域乡村振兴规划体系 [EB/OL] [2018-09-02]. http://m.xinhuanet.com/sc/2018-09/02/c_1123366192.htm.
[②] 河南构建乡村振兴"1+1+N+1"政策体系 [EB/OL] [2018-11-08]. https://www.sohu.com/a/274159479_747194.
[③] 各地立足地域特色，扎实推进乡村振兴——村里变化大 生活有奔头 [N]. 人民日报，2022-02-04（04）.

碗'。"村党支部书记胡凤才说，村里保留完整的长约 1.5 千米的京西古道，成了大家伙眼中的致富新路。

依托得天独厚的古道文化和永定河文化，水峪嘴村大力发展文旅产业，精心打造京西古道景区。游客可循着青石路上的蹄窝，登牛角岭关城，在山间凭吊古庙、寻访碉楼。京西古道已成为众多"背包客"青睐的徒步线路。

水峪嘴村还改造升级散落山间的闲置老房，打造充满现代气息的民宿。走进王新运营的"梦回古道"民宿客栈，既有山村的古朴，又有充满科技感的智能家居。"老宅院焕发新风采，春节期间的房间一个月前就被抢订一空。"王新说。

2021 年，水峪嘴村接待游客超 5 万人次，村集体收入达 450 万元，带动 150 名村民在家门口就业。

水峪嘴村的嬗变，是近年来门头沟区大力发展乡村旅游的一个缩影。门头沟区倾力打造了"门头沟小院"品牌。门头沟区副区长马强介绍，"门头沟小院"现已达 76 家、覆盖全区 51 个村，盘活闲置农宅 300 余处。2021 年，门头沟区新建成营业精品民宿 15 家；接待游客 8.7 万人次，同比增长 209.6%；实现收入 3501.7 万元，同比增长 101.7%。

实例二：

重庆市巫山县下庄村——生机勃勃 振兴有路[①]

车子碾着未化的积雪，向着四面群山合围的重庆市巫山县竹贤乡下庄村前行。

已过晌午，高耸的山顶上，云雾还未散去，从海拔 1100 多米的山崖放眼望去，100 多道"之字拐"的"天路"若隐若现。

"天路"上，装满脐橙的卡车，缓缓驶出下庄村。脐橙出山，为村民带来可观的收益。除夕前，第一批分红送到了每户村民的手中。"今年大丰收！卖了 30 万斤柑橘大果，这个年过得安逸。"一下车，下庄村党支部书记、村委

---

① 各地立足地域特色，扎实推进乡村振兴——村里变化大 生活有奔头 [N]. 人民日报，2022-02-04（04）．

会主任毛相林迎了上来，满脸喜色。

"下庄是口井，井有万丈深"，这是个名副其实的"天坑村"。1997年，村党支部书记毛相林带领下庄百姓，用7年时间，一锹一铲，硬生生在绝壁上凿出一条8千米的出山路，下庄人再也不用背着绳索翻山头了。在党和政府的帮助下，通往下庄村的硬化道路接到了村民家门口。2015年，下庄村在全县率先实现整村脱贫。

2020年，经巫山县政府牵线搭桥，重庆浙乐农业开发有限公司包揽了下庄村脐橙的管护和销售。村民、企业、村集体按照50∶48∶2的持股比例分成。650亩的柑橘林，让大伙儿的日子更加红火。

实例三：

海南省定安县次滩村——生态更好 旅游更旺[①]

水泥路面宽阔干净，白墙灰瓦的小楼鳞次栉比，走进海南省定安县次滩村，记者发现一个奇特之处：家家户户门口都放着一个白色塑料桶，最大的足有半人高，打开一看，里面都是果皮菜叶。

"用红糖水、果皮加上厨余垃圾，发酵后形成生态肥。不仅能改良土壤、节约成本，更关键的是能让乡村垃圾减量。"思路一变，豁然开朗。免费送塑料桶、办班教授方法、组织返乡大学生帮村民收集垃圾……在胡诗泽的带动示范下，这些方法得到越来越多的村民的支持。

"用厨余垃圾做生态肥，可动物粪便、落叶秸秆咋办？"一次讲座上，有村民给胡诗泽出了道难题。胡诗泽团队中农学出身的返乡大学生罗振华，为此专门向专家请教，学习堆肥制作技术，吸引了30多户村民参与。"通过堆肥，每户每年能省好几千块的化肥钱呢！"罗振华说。

如今，村里垃圾少了，环境美了，胡诗泽和村民们的民宿生意越来越好。村民用集存的果皮、厨余垃圾制成生态肥，改良了土壤，椰子、槟榔的产量和品质更高了。

[①] 各地立足地域特色，扎实推进乡村振兴——村里变化大 生活有奔头[N].人民日报，2022-02-04（04）.

2021年9月28日上午，国务院新闻办公室发布《中国的全面小康》白皮书并举行新闻发布会，农业农村部副部长刘焕鑫在会上表示，实施乡村振兴战略是党的十九大着眼于实现"两个一百年"奋斗目标作出的重大部署，经过近四年的努力，实施乡村振兴战略已取得重要成果。

一是粮食生产连年丰收。连续6年稳定在1.3万亿斤以上，实现历史性的"十七连丰"。今年克服新冠肺炎疫情和洪涝等自然灾害影响，夏粮、早稻双双增产，秋粮增产趋势明显，夺取全年粮食丰收有良好的基础，生猪产能已全面恢复，14亿中国人的饭碗牢牢端在自己手上。

二是农业现代化建设步伐明显加快。累计建成8亿亩高标准农田，农业科技进步贡献率超过60%，农作物耕种收综合机械化率达到71%，化肥农药施用量连续4年负增长，农产品加工产值与农业总产值比值提高到2.4∶1，乡村旅游、农村电商等新产业新业态蓬勃发展。

三是脱贫攻坚取得全面胜利。9899万农村贫困人口全部脱贫，历史性地解决了农村的绝对贫困问题。今年建立了防止返贫动态监测和帮扶机制，对认定的500多万易返贫致贫人口进行精准帮扶、动态清零，坚决守住不发生规模性返贫的底线。

四是乡村建设扎实推进。动力电、硬化路、4G网基本实现村村通，农村卫生厕所普及率超过68%，建立了城乡统一的居民基本养老、基本医疗和大病保险制度。2022年又制定了乡村建设行动实施方案，力争"十四五"时期乡村面貌再有新的变化。

五是乡村治理效能不断提升。农村基层党组织建设得到加强，自治、法治、德治相结合的乡村治理体系逐步建立，积分制、清单制、数字赋能等治理方式在各地创新发展，移风易俗持续推进，文明乡风加快培育。

乡村振兴战略是一个长期的战略计划，根据《意见》，到2020年，乡村振兴的制度框架和政策体系基本形成，各地区各部门乡村振兴的思路举措得以确立，全面建成小康社会的目标如期实现。到2022年，乡村振兴的制度框架和政策体系初步健全。到2035年，乡村振兴取得决定性进展，农业农村现代化基本实现。农业结构得到根本性改善，农民就业质量显著提高，相对贫困进一步缓解，共同富裕迈出坚实步伐；城乡基本公共服务均等化基本实现，城乡融合发展体制机制更加完善；乡风文明达到新高度，乡村治理体系更加完善；农村生态环境根本好转，生态宜居的美丽乡村基本实现。到2050年，乡村全面振兴，农业强、农村美、农民富全面实现。当前，我们已经实现了第一个百年目标，在中华大地上全面建成了小康社会，9000多万农村人口全部脱贫。但是相距实现乡村全面振兴，还有很长的路要走，所以乡村振兴战略"一直在路上"。

2022年2月，国务院印发《"十四五"推进农业农村现代化规划》，安排了未来五年内乡村振兴的发展任务。具体包括：一是夯实农业生产基础，深化农业供给侧改革。落实藏粮于地，藏粮于技，提升粮食等重要农产品供给保障水平。二是以创新促发展，推进经营创新和机具创制创新，推进粮食作物育种耕种，着力品种培优品质提升。三是构建现代化乡村产业体系，加快产业融合，增加农民的就业机会和收益。发展智慧农业，推进新一代信息技术与农业生产经营深度融合，建设一批数字田园，数字灌区和智慧农牧渔场。四是建设美丽宜居乡村。发展乡村交通，提高村民生活便利程度。五是加强农村生态文明建设，推进农村生产生活方式绿色低碳转型，建设绿色美丽乡村。六是加强和改进乡村治理，加快构建党组织领导的自治、法治、德治相结合的乡村治理体系，建设文明和谐乡村。七是实现巩固拓展脱贫攻坚成果同乡村振兴有效衔接，增强脱贫地区内生发展能力，让脱贫群众过上更加美好的生活，逐步走上共同富裕的道路。

第二节 乡规民约与乡村振兴的契合与互动

乡村振兴的内涵包括产业兴旺、生态宜居、乡风文明、治理有效、生活富裕五个方面，其中乡风文明、治理有效属于意识形态范畴，属于乡村的软件建设，所以乡规民约作为软法与乡村振兴战略联系最密切的是乡风文明的引领和乡村社会治理这两个领域。产业兴旺、生态宜居和生活富裕属于经济范畴，属于乡村的硬件建设。乡规民约主要是通过文明乡风的引领和有效治理的实现，促进乡村产业兴旺、生态宜居和实现共同富裕。

一、乡规民约是实现乡村有效治理的制度保障

汪世荣指出基层社会治理的制度资源不同于国家和政府治理的制度资源，前者主要依靠宪法、法律，后者主要依靠社会规范。而这种社会规范应当针对特定而非一般社会主体、特定而非一般社会行为、特定而非一般社会事务，体现当地独特的人文环境特点，反映经济、社会发展的状况和水平，回应村民诉求和愿望，与当地风俗习惯相适应[①]。乡规民约就是乡村治理的主要社会规范，在构建乡村有效治理格局中发挥着以下几方面的作用。

（一）乡规民约是"三治融合"的纽带

2018年9月出台的《乡村振兴战略规划》坚持自治为基、法治为本、德治为先，健全和创新村党组织领导的充满活力的村民自治机制，强化法律权威地位，以德治滋养法治、涵养自治，让德治贯穿乡村治理全过程。党的十九大报告强调，要完善党委领导、政府负责、社会协同、公众参与、法治保障的社会治理体制，提高社会治理社会化、法治化、智能化、专业化水平；加强农村基层基础工作，健全自治、法治、德治相结合的乡村治理体系。《乡村振兴促进法》第四十一条规定，建立健全党委领导、政府负责、民主协商、社会协同、公众参与、法治保障、科技支撑的现代乡村社会治理体制和自治、法治、德治相结合的乡村社会治理体系，建设充满活力、和谐有序的善治乡村。因此构建"三治"融合的治理模式成为乡村治理的指导原则和奋斗目标。"三治"并非简单的叠拼，而是要形成"一体两翼"的有机体，即以村民自治为主体，以法治作为自治和德治的底线保障，以德治作为自治和法治的价值支撑[②]。自治、法治、德治的有机融合，需要一种社会规范作载体。这种社会规范需要融三种治理形态的特征于一身，"三治"能够以该规范为基础找到契合点。这种社会规范就是乡规民约。

首先，乡规民约是村民自治规范是毋庸置疑的。《民政部 中央组织部 中

---

① 汪世荣."枫桥经验"视野下的基层社会治理制度供给研究[J].中国法学,2018(6):7-8.
② 张景峰.新时代健全自治法治德治相结合乡村治理体系探讨[J].河南科技大学学报（社会科学版），2018（6）：94-100.

央政法委 中央文明办 司法部 农业农村部 全国妇联关于做好村规民约和居民公约工作的指导意见》中明确指出，乡规民约、居民公约是村（居）民进行自我管理、自我服务、自我教育、自我监督的行为规范。《村民委员会组织法》第二十七条规定，村民会议可以制定和修改村民自治章程、村规民约，并报乡、民族乡、镇的人民政府备案。乡规民约制定和修改的主体是由全体村民组成的村民大会，调整的是村民日常的社会行为和社会事务，包括农村治安、农村自然资源的保护与利用、农村环境的保护、农村公共事务、农民权益的保护、农村纠纷的解决等各个方面，较为全面地调整了农村社会关系。乡规民约的实施和监督也是由村民委员会或者单独成立的执约小组实施。如《湖北省实施〈中华人民共和国村民委员会组织法〉办法》（2001年通过，2014年修订）第七条规定的村委会依法履行的职责就包括宣传和贯彻宪法、法律、法规和国家政策，教育引导村民依法行使权利、履行义务，遵守并组织实施村民自治章程和村规民约；《广西壮族自治区实施〈中华人民共和国村民委员会组织法〉办法》（2001年通过，2013年修订）第九条也同样规定，村民委员会负责召集村民会议和村民代表会议，执行村民会议和村民代表会议的决定、决议，遵守并组织实施村民自治章程、村规民约，接受评议和监督。[①] 贵州省锦屏县文斗村则专门建立了执约小组作为乡规民约的执行主体，由村委会负责组织推荐由寨老和代表性人员组成乡规民约执行小组，共有26人组成，乡规民约执行小组负责对乡规民约的执行[②]。乡村形成了以乡规民约为核心，民主选举、民主决策、民主管理、民主监督为主要内容的乡村自治体系，在一定程度上显示了村民创制、实施和维护规范的能力，也体现了村民自治的发展水平。

其次，乡规民约是中国特色社会主义法律体系的重要组成部分，是依法治村的重要制度。前文不止一次地提到，乡规民约不是单纯的民间自治规约。罗豪才在《软法亦法——公共治理呼唤软法之治》一书中指出，公

[①] 高其才．通过村规民约的乡村治理——从地方法规章制度角度观察[J]．政法论丛，2016（2）：13-14．

[②] 高其才．村规民约与生态保护和绿色发展——以贵州省文斗村为考察对象[J]．人权，2016（2）：13-14，16-25．

域之治是硬法与软法的结合。并且指出软法因其更细致具体和更加直截了当的方式,更加贴近公共生活,在公域之治中的作用从来都是举足轻重的。同时,软法还对硬法有弥补功能。如果没有软法规范的大量存在,法治身躯就会弱不禁风,如果不是依靠软法规范的穿透力,法治的阳光就不可能照射到每个公域的每个角落[1]。罗豪才亦指出乡规民约就属于软法,作为乡土社会的内生规则,乡规民约着眼于特定地域或群体的微观调控,其规范往往更加具体,能够及时回应本土生活秩序的需求,比之国家法有着更为深厚的群众基础,能起到国家法起不到的治理效果。因此,党的十八届四中全会《中共中央关于全面推进依法治国若干重大问题的决定》中,提出强调推进多层次多领域依法治理,要制定完善市民公约、乡规民约、行业规章、团体章程,推动形成多层次、多样化的社会治理规则体系。国家法基层社会治理过程中,往往由于社会客观环境、村民传统思维等因素,始终与农村社会有一定的隔阂。但如果将国家法的内容以乡规民约的形式体现出来,能够减少国家法与村民的距离感,避免国家法律被层级化的壁垒所钝化。乡规民约作为软法,既有自身的治理功能,又能够辅助国家法在农村的推行,与国家法良性互动,在农村形成多层次、多领域的法治格局。2020年中央全面依法治国委员会印发《关于加强法治乡村建设的意见》,将村规民约和法律法规并列,共同作为规范乡村干部群众的行为规范。同时,要健全村规民约的制定、审核、备案和落地执行机制。显然,加强乡规民约的制度化和规范化是加强乡村法治建设的重要内容,乡规民约的落实也是衡量农村法治化进程的重要标准。

最后,乡规民约还肩负着德治的功能。《乡村振兴战略实施意见》中指出,实现有效治理既要重视法治的作用,同时也不能忽视德治的作用。深入挖掘乡村熟人社会蕴含的道德规范,结合时代要求进行创新,强化道德教化作用。习近平总书记也多次强调要将依法治国和以德治国相结合,法律有效实施有赖于道德支持,道德践行也离不开法律约束,法治和德治不可分离、

---

[1] 罗豪才,宋功德. 软法亦法——公共治理呼唤软法之治[M]. 北京:法律出版社,2009:315.

不可偏废，国家治理需要法律和道德协同发力①。乡规民约作为乡村的内生规则，承载着该地域千百年来的传统美德，应深入挖掘乡规民约所蕴含的道德规范。乡规民约源于《周礼》中的"乡饮酒礼"，因此乡约的内容自然浸润着礼教的精神，从南宋的《吕氏乡约》到明代的《南赣乡约》，再到清代文斗村的《六禁碑》，无一不是以道德教化、敦厚风俗为核心。通过制定和实施乡规民约，大力弘扬中华优秀传统文化，深入挖掘和阐发中华民族讲仁爱、重民本、守诚信、崇正义、尚和合、求大同的时代价值，汲取中华法律文化精华，使之成为涵养社会主义法治文化的重要源泉。当代的乡规民约又是将社会主义核心价值观融入农村社会治理的切入点。通过乡规民约的宣传，培养社会公德、职业道德、家庭美德、个人品德教育，大力弘扬爱国主义、集体主义、社会主义思想，以道德滋养法治精神。2021年《乡村振兴促进法》第三十条规定，各级人民政府应当采取措施发挥乡规民约积极作用，普及科学知识，推进移风易俗，破除大操大办、铺张浪费等陈规陋习，提倡孝老爱亲、勤俭节约、诚实守信，促进男女平等，创建文明村镇、文明家庭，培育文明乡风、良好家风、淳朴民风，建设文明乡村。将乡规民约的德治功能正式通过法律的形式确定下来。

综上，乡村治理要以村民自治为基础，而村民自治不得违反国家法律、法规的规定，还要辅助国法的实施，德治既是和法治并行的治理手段，同时又是自治和法治的价值内涵，三者融合、互动和衔接都可以在乡规民约这个制度平台上得以实现。乡规民约是农村自治、法治、德治相结合，构建共建、共享、共治社会治理新格局的主要制度资源，是构建基层治理新格局的制度平台。因此党和国家多次通过政策法规强调乡规民约的建设：2019年中共中央办公厅、国务院办公厅印发《关于加强和改进乡村治理的指导意见》，指出依靠群众因地制宜制定乡规民约，以法律法规为依据，规范完善乡规民约。

---

① （中共中央政治局2016年12月9日下午就我国历史上的法治和德治进行第三十七次集体学习时的讲话）习近平在主持学习时指出，法律是成文的道德，道德是内心的法律。法律和道德都具有规范社会行为、调节社会关系、维护社会秩序的作用，在国家治理中都有其地位和功能。法安天下，德润人心。法律有效实施有赖于道德支持，道德践行也离不开法律约束。法治和德治不可分离、不可偏废，国家治理需要法律和道德协同发力。

2020年中央一号文件《中共中央 国务院关于抓好"三农"领域重点工作确保如期实现全面小康的意见》指出，要强化自我管理、自我服务、自我教育、自我监督，健全基层民主制度，完善村规民约，推进村民自治制度化、规范化、程序化。

（二）乡规民约是多元矛盾纠纷化解机制的重要制度依据

多元矛盾纠纷化解机制是指在党委的领导和政府的主导下，国家各机关协调联动，社会各方面的力量共同参与，通过和解、调解、仲裁、行政裁决、行政复议、诉讼等多种途径，形成的合理衔接、综合为治的矛盾纠纷解决体系。2018年《中共中央 国务院关于实施乡村振兴战略的意见》将健全矛盾纠纷多元化解机制作为实现乡村振兴的重要举措。同年，最高人民法院印发《关于为实施乡村振兴战略提供司法服务和保障的意见》，专门指出建立健全涉农纠纷多元化解决机制。乡村多元矛盾纠纷化解机制要立足乡民社会，方能收到良好的治理效果。因此除了完善国家法在农村的"一站式"服务外[1]，更要充分挖掘农村本土资源，调动村民参与纠纷解决的积极性，乡规民约就是构建乡村多元矛盾纠纷化解机制最重要的本土资源，对于实现乡村的"讼息人和"具有重要意义。

首先，乡规民约的矛盾化解功能有着深厚的历史渊源。乡规民约自古就是乡村息讼止争的主要手段。古代社会的人们已经意识到社会生活的复杂性、多样性，要求治理规范更为丰富，更具有适应性。因此在乡民社会内部形成了一套以乡规民约为核心，习惯风俗、家族法规、国家法律相结合的圆融自洽的治理体系，有效化解乡民矛盾，维护乡村社会秩序。如著名的《吕氏乡约》提出的"德业相劝，过失相规，礼俗相交，患难相恤"，既能起到化解纠纷的社会治理作用，又能起到敦化风俗的道德引领作用。当代乡规民约既是

---

[1] 当前全国法院已经建立了中国特色一站式多元纠纷解决和诉讼服务机制，为群众解决民商事纠纷提供菜单式、集约式、一站式服务。比如法院的诉讼服务中心集成了调解、仲裁、立案、速裁、快审等多种纠纷解决渠道，大量的纠纷在诉讼服务大厅通过调解、仲裁、诉讼等方式一站式化解。但是在这个过程中，国家法依然是主要的制度资源，体现的是国家公权力自上而下对农村社会秩序的规范，与实质上的多元矛盾纠纷化解机制有一定距离。

乡民自治的产物，又是社会主义法治体系的组成部分，同时还是道德风俗的载体。因此乡规民约是自治、法治、德治的交汇点，其本身蕴含着综合治理的属性和多元矛盾纠纷化解机制相适应。因此当代乡村多元解纷机制需要借鉴传统社会治理智慧，重视发挥乡规民约的作用，引导广大村民积极参与乡村治理，使每一个细胞都健康活跃，将矛盾及时化解在基层。

其次，乡规民约是发扬"枫桥经验"、预防矛盾纠纷的必要手段。党的十九届五中全会指出，要坚持和发展新时代"枫桥经验"，完善各类调解联动工作体系，构建源头防控、排查梳理、纠纷化解、应急处置的社会矛盾综合治理机制。中共中央印发《法治社会建设实施纲要（2020—2025年）》指出，坚持和发展新时代"枫桥经验"，完善社会矛盾纠纷多元预防调处化解综合机制，努力将矛盾纠纷化解在基层。"枫桥经验"经过近60年的发展，其核心要义从来没有改变，即坚持群众路线和矛盾不上交。乡规民约在践行"枫桥经验"方面具有得天独厚的优势。乡规民约扎根于乡土社会，在内容上融合了本地域的风俗、习惯、乡土人情，集中体现了乡民共同的社会道德观和价值标准，在解决人际冲突、维护地方秩序方面通常比国家法更有效。依据乡规民约调解纠纷，村民化解矛盾的同时乡民情谊亦能得到延续，所谓"事了人和"，最终实现"枫桥经验""小事不出村，大事不出镇，矛盾不上交"的治理目的。

最后，乡规民约丰富了多元矛盾纠纷化解机制中的法治资源。党的十九届四中全会后，许多省都陆续出台了矛盾纠纷多元化解机制的地方立法，如《河北省多元化解纠纷条例》《海南省多元化解纠纷条例》《上海市促进多元化解矛盾纠纷条例》等。乡村矛盾纠纷解决的非讼手段主要是调解，因为调解同仲裁、诉讼相比，最能体现村民自治，同时也是成本最低、最便捷的纠纷解决方式。2021年中共中央、国务院发布的《关于全面推进乡村振兴加快农业农村现代化的意见》指出，加强乡村人民调解组织队伍建设，推动就地化解矛盾纠纷。在调解过程中，国家法应当是最后一道防线，而不应该是第一道防线。乡规民约相比较国家法容易引发村民在情感上的共鸣，弥合矛盾，修复社会关系。因此乡规民约是乡村调解第一道防线，也是最重要的本土法治资源。

（三）乡规民约是"平安乡村建设"的制度保障

乡村社会治安与农民权益保障、农村社会秩序稳定、农村社会经济进步与发展息息相关。《中共中央 国务院关于实施乡村振兴战略的意见》（以下简称《意见》）明确了危害乡村秩序的违法乃至犯罪行为：农村黑恶势力、宗族恶势力、黄赌毒、拐骗拐卖妇女儿童，非法宗教活动、境外渗透活动。要求深入开展扫黑除恶专项斗争，严厉打击农村黑恶势力、宗族恶势力，严厉打击黄赌毒盗拐骗等违法犯罪，建设平安乡村。

首先，乡规民约对《意见》中所列举的行为明文禁止，并规定了处罚措施。比如江西省樟树市（县级市）下辖的城乡接合部的大桥街道下汽村和彭泽村，将杜绝吸毒、贩毒、种毒、制毒等禁毒内容写进乡规民约，乡规民约规定，家中有吸毒、制（种）毒、贩毒违法行为的，不得享受村集体任何福利；家中有人员涉毒，家人不得隐瞒和袒护；村民举报涉毒人员，经查验属实予以奖励；有吸毒史人员，外出务工必须接受行前禁毒警示教育，签订禁毒责任状；租赁房屋给外地人员，必须于当日内到村委会登记，并签订禁毒承诺书等。将禁毒纳入乡规民约，使村民涉毒违法犯罪行为在受到法律制裁的同时，还会受到道德约束和谴责。将禁毒工作纳入乡规民约，不仅增加了乡村涉毒人员的违法成本，还增强了村民的禁毒意识，让毒品在农村蔓延的势头得到了有效遏制，吸毒人数下降了80%以上[1]。贵州省锦屏县文斗村、魁胆村乡规民约规定：不打架斗殴，不酗酒闹事，不任（随）意参与山林、土地、坟山和其他纠纷，积极预防火灾、盗窃及治安灾害事故的发生，家庭成员无"黄、赌、毒"等行为；敢于检举揭发违法犯罪活动，见义勇为，积极与犯罪分子作斗争。认真做好禁毒工作，做到不种（罂粟）不吸毒，了解毒品的危害性和禁毒法规、政策，增强防毒、反毒、拒毒意识[2]。一旦违反，依照乡规民约进行处罚。浙江省慈溪市（县级市）附海镇海晏庙村《村规民约》第二十四条规定："主动做好平安宣传，村民之间、家庭成员之间要互相提醒

---

[1] 村规民约助建"无毒乡村"[EB/OL].[2022-02-11].https://www.sohu.com/a/522140110_121106994.

[2] 高其才.规范、制度、机制：村规民约与社会治安维护[J].学术交流，2017（5）：97.

帮助、教育监督，不沾'黄毒赌'，不参加邪教组织，不参与传销活动，严防发生火灾、生产、交通、溺水等安全事故。发现'六合彩'、聚众赌博、涉毒行为、邪教组织等一切违法违规行为，村民有义务及时举报。"[1]

其次，建立群防制度。在今天的乡村治理中，治安更多是以一种积极主动的方式进行，以"网格化管理、组团式服务"的方式内外兼顾地进行治安管理。要始终坚持打防结合、预防为主、专群结合、依靠群众的工作方针，深入推进社会治安综合治理。要完善立体化社会治安防控体系，着力构建党政主导、综治协调、部门负责、社会协同、全民参与的立体化社会治安防控体系建设格局，健全以源头防控、动态防控、重点防控、科技防控、网格防控、区域防控和网络防控为主要内容的立体化社会治安防控网，有效防范化解管控影响社会安定的问题。上文提到的锦屏县魁胆村还发挥村干部和寨老的积极作用，实行村"两委"成员包片与"十户联防"相结合的社会治安群防制度。村"两委"在要求全体村民"看好自家门，管好自家人，办好自家事"的基础上，成立以党员干部为首的"十产联防"小组，组长作为信息联络员，及时向村"两委"报告相关情况。群策群办充分调动村民参与乡村社会治安管理的积极性，形成社会共治的良好格局。

最后，建立治安巡逻制度。村级组织组建的治安巡逻队在农村治安防控体系健全上非常重要。政府、公安及相关职能部门精力和人员有限，无法监管到村级的所有场所。此时，就需要村级组织组建治安巡逻队，对辖区开展常态化治安巡查，以补充政府、公安及相关职能部门精力和人员的不足。村级组织针对常态化治安巡查的动态情况及各领域凸显的问题或矛盾，每周研判辖区内的重要治安问题，并采取及时有效的措施，解决不了的，迅速提请乡镇政府协调解决。这样常态化的工作机制才能保证小的治安问题及时有效解决，不演变成大的社会乱象，以免事态最终不可控，确保对政府、村级组织长久公信力的维护。上文提到贵州省锦屏县魁胆村建立了治安联防制度，建立健全了治安联防队，制定了《治保会的主要任务》和《治安联防队工作职责及管理制度》等规章制度，并完善了治安联防巡逻制度。魁胆村组建了

---

[1] 陈寒非，高其才.乡规民约在乡村治理中的积极作用实证研究 [J].清华法学，2018（1）：74.

一支由老中青相结合的 30 多人的治安联防队,在重大节日和重大活动期间轮流值班巡逻,同时接受党员监督。通过该制度的实施,魁胆村查处了一批治安案件,维护了社会秩序的安宁,有效的保障了村民人身私财产的安全。[①]

二、乡规民约引领乡风文明

《中共中央 国务院关于实施乡村振兴战略的意见》明确指出乡村振兴,乡风文明是保障。必须坚持物质文明和精神文明一起抓,提升农民精神风貌,培育文明乡风、良好家风、淳朴民风,不断提高乡村社会文明程度。并且从加强农村思想道德建设、传承发展提升农村优秀传统文化、加强农村公共文化建设、开展移风易俗行动四个方面培养文明乡风。乡规民约在文明乡风的培养过程中发挥着极为重要的作用,《关于做好村规民约和居民公约工作的指导意见》赋予了乡规民约引领乡风文明的功能,指出乡规民约的制定坚持价值引领,践行社会主义核心价值观,弘扬中华民族传统美德和时代新风。从当代乡规民约实施现状来看,其成效最显著的也是在道德风尚领域。

(一)乡规民约是推动优秀传统文化创新转化的动力

乡规民约源于《周礼》中的"乡饮酒礼",因此乡约的内容自然浸润着礼教、德治的精神,从南宋的《吕氏乡约》到明代的《南赣乡约》,无一不是以道德教化、敦厚风俗为核心。《吕氏乡约》中提出:德业相劝,过失相规,礼俗相交,患难相恤。王阳明在《南赣乡约》中也提出"死丧相助、患难相恤、善相劝勉、恶相告戒、息讼罢争、讲信修睦,务为良善之民,共成仁厚之俗",希望通过乡约引导人们团结互助,以此营造良好的社会风俗。贵州省锦屏县文斗村《六禁碑》体现的环保意识"不许后代砍伐,留以壮丽山川",世代相传。至今这些优秀的传统文化也是实现乡村振兴的宝贵精神资源。当代乡村在市场经济的大潮席卷之下,片面追求物质利益,而忽视了精神文明建设。正如刘志松所说,快速膨胀的城市、工业、资本、

[①] 高其才. 规范、制度、机制:村规民约与社会治安维护 [J]. 学术交流,2017(5):99.

商品、现代化交通、网络……把还没有准备好的乡村一下子推进现代化的门槛，让它一时茫然无措。乡村道德失范的现象越来越多，农村思想道德建设已成为实现乡村振兴的重要课题。党的十九大报告指出，深入挖掘中华优秀传统文化蕴含的思想观念、人文精神、道德规范，结合时代要求继承创新，让中华文化展现出永久魅力和时代风采。新时代乡规民约是这一历史任务的最佳担当，当代乡规民约依托中华传统文化，挖掘传统道德资源。同时和社会主义核心价值观相结合，利用乡规民约的"亲和力"把社会主义核心价值观转化为人们的情感认同和行为习惯，从而为乡村振兴打牢思想道德基础，提供强大的精神支撑。比如推动新乡贤文化建设，就是乡规民约的一项重要任务。乡贤文化是中华优秀传统文化的重要组成部分，传统社会中乡贤阶层是乡规民约制定、实施的核心，多是具有较高文化水平的士绅或者有过从政经历、在乡民中拥有较高威信的人，当代新乡贤包括道德模范、社会贤达、学有专长的社会精英和带领乡村共同富裕的优秀企业家。和传统乡贤相比，新乡贤不仅具有高尚的道德和威信，同时也具有现代化知识、技能，肩负着乡村振兴的使命。新乡贤文化是对传统乡贤文化的创造性转化。它传承了传统乡贤文化中的优秀品质，又融入了社会主义核心价值观，是社会主义核心价值观与优秀传统文化在乡村社会相契合、传统与现代相对接的文化[1]。乡规民约在新乡贤文化形成和传播过程中起着重要的作用。一方面通过乡规民约，村民组建乡贤理事会、乡贤参事会、乡贤议事会等自治组织，制定自治章程，畅通乡贤参与乡村治理的路径。另一方面，通过乡规民约把新乡贤文化制度化、显性化，使其不仅内化为村民的价值观念，同时也外化为村民的行为规范，在涵养文明乡风、净化社会风气、提升村民道德水准方面发挥重要作用。

（二）乡规民约是构建乡村公共文化道德的重要抓手

传统的乡村文明是有纲领、有价值观基础、有内在灵魂的，其倡导孝父母、敬师长、睦宗族、隆孝养、和乡邻、敦理义、谋生理、勤职业、笃耕耘、

---

[1] 庞超，赵欢春. 推动新乡贤文化建设与乡村治理有机融合[N]. 经济日报，2020-12-09（11）.

课诵读、端教诲、正婚嫁、守本分、尚节俭、从宽恕、息争讼、戒赌博、重友谊等内容。这些乡风乡箴，均是从孝扩展到忠，从家扩展到国，是一个完整的文化谱系。当代乡规民约传承发展乡村传统乡规民约的优秀基因，立足乡村文明，汲取城市文明及外来文化优秀成果，构建当代农村多元化的文化体系。比如通过乡规民约开展移风易俗，这是各地的普遍做法。当代乡村在市场经济大潮的裹挟下，出现了很多不文明、不道德的行为，如滥办酒席、天价彩礼、薄养厚葬、攀比炫富、铺张浪费、"等靠要"、懒汉行为等。这些不良风气、不文明现象给我们的乡村乡风文明建设造成严重冲击，重塑乡村乡风文明工作迫在眉睫。我们需要通过乡规民约对不文明的行为予以遏制，同时通过乡规民约将优秀的传统文化观念与社会主义核心价值观相融合，充分发挥其在凝聚人心、教化群众、淳化民风中的重要作用，为新时代乡村振兴提供坚实的文化保障。

红色文化，也是乡村公共文化道德建设的重要组成部分。红色文化遗产特指中国共产党领导人民在革命战争时期、社会主义建设时期和改革开放时期，建树丰功伟绩所形成的革命纪念地、革命历史事迹、革命精神、革命标志物等特殊文化资源。乡村红色文化遗产是指红色文化遗产存留在乡村聚落的部分，从属于红色文化遗产范畴。红色文化遗产既是弘扬爱国主义的载体，又是中国共产党百年奋斗历史经验的总结。乡规民约对红色文化遗产的保护发挥着重要的作用，为红色文化遗产的价值功能可持续发挥提供有力的保障。其一，乡规民约作为乡村的内生规则，熟悉乡村的社会环境和风土人情，能用相对严谨规范的语言，准确阐述红色文化遗产的内涵和意义，规范引导人们对红色文化遗产的保护行为，相比国家法能够对红色文化遗产作出更加具体有效的规定。其二，乡规民约是村民公意的体现，相比国家法更容易获得村民的接受、认可和保护。其三，乡规民约能够充分利用舆论评价制度，对违反乡规民约、破坏红色文化遗产的行为进行道德谴责。当代乡村和城市相比，仍然具有一定的封闭性、人口流动性弱等特点。在这种背景下，由乡规民约构建起来的诚信评价机制就具有了较强的震慑力。一旦违反乡规民约，就会丧失在该区域的诚信，遭到全体乡民的排斥。实践中乡规民约已经对乡村红色文化遗产的保护产生了重要的作用和影响。朱德元帅故里、历史文化名镇马鞍镇就为专门保护红军街制定了《马鞍镇红军街保护与管理办法》，其中第四条规定村民的责任和权利："任何组织和个人都有依法保护红军街的义务，对损坏、损害红军街的行为有权进行劝阻、检举和控告。"第七条提出保护要求："红军街保护详细规划应当按照保护为主、合理开发利用的方针编制。对红军街保护区的历史传统街区、古民居、古民居院落应编制修缮指南，采取建档、挂牌等分类保护措施。"湖南省洞口县伏龙洲兰陵会馆（肖氏宗祠）专门成立兰陵会馆管委会，制定专门的管理条例来保护贺龙红二、六军团革命旧址，洞口县花园镇的红军街、红军桥，石江镇红六军团革命遗址都由乡村设立了专门机构和制定专门的管理制度进行民间保护和管理。可见，乡规民约对红色文化遗产的保护具有很强的效力[①]。

三、乡规民约有助于打造生态宜居的美丽乡村

《中共中央 国务院关于实施乡村振兴战略的意见》指出，"乡村振兴，生态宜居是关键"。2018年2月，中共中央、国务院办公厅印发了《农村人居环境整治三年行动方案》，对推进农村人居环境整治、建设美丽宜居乡村作出了系统部署，专门强调了建立和完善乡规民约，"将农村环境卫生、古树名木保护等要求纳入村规民约，通过群众评议等方式褒扬乡村新风，鼓励成立农村环保合作社，深化农民自我教育、自我管理。明确农民维护公共环境责任，庭院内部、房前屋后环境整治由农户自己负责；村内公共空间整治以村民自治组织或村集体经济组织为主，主要由农民投工投劳解决，鼓励农民和村集体经济组织全程参与农村环境整治规划、建设、运营、管理"。可见乡规民约在整治农村人居环境过程中也发挥着不可或缺的作用。第一，乡规民约延续传统的生态保护观念。如前文提到的贵州省锦屏县文斗村，自古就有爱林护林的传统习惯，并且将这些习惯以乡规民约的形式刻在石碑上，于是就有了《六禁碑》等环保古碑。当代文斗村自1998年以来制定了先后四份乡规民

---

① 刘建平，李双清. 论乡规民约与乡村红色文化遗产的保护[J]. 湘潭大学学报（哲学社会科学版），2009（6）：91.

约（1998年，2005年，2012年，2015年），以生态保护为核心，很多内容都源自《六禁碑》这些古碑。文斗村支书说，这种保护村寨环境的乡规民约石碑对于历来信守款约的文斗人，具有很强的约束力。更重要的是，经历长年累月的熏陶，文斗人养成强烈的、自觉的环保意识。而今天的村规民约，则是这些古碑在当代的另一种形式[①]。第二，村规民约明确了乡民的环保义务，使生态环保的理念成为可操作性的制度，比如文斗村2015年的《村民自治合约》就明确规定要保护生态，保护家园。严禁砍伐村寨两边大小风景林木，不准进入后龙山砍伐干枯树木，不准进山烧炭、煤灰；不许大人、小孩在树上刻画、削皮。河北省秦皇岛市西港镇小乐安寨村村规民约规定：村民要自觉搞好自家房前屋后、院内院外环境卫生，并长期保持街道两侧干净整洁；严禁在房基地以外集体土地上乱堆乱放；严禁污水乱泼、垃圾乱倒，严格实行垃圾分类，生活垃圾入桶，建筑垃圾、农作物垃圾分类堆放在指定位置；等等。第三，乡规民约规定了破坏生态环境的惩戒措施。比如文斗村的《村民自治合约》中规定不得无证砍伐林木，违反者，除交有关部门处理外，每起交50～500元违约金[②]。河北省秦皇岛市西港镇小乐安寨村村规民约规定：严禁露天焚烧垃圾、燎地边；提倡文明祭祀；严禁野外非法用火，违者视情节轻重处以100～3000元罚款。此外一些地区还有"鸣锣喊寨""请村民吃一顿饭"等方式对违约行为进行惩戒[③]。

所以，乡规民约的运用不仅传承了古代的环保理念，同时又将这种理念结合当地农村社会现实，将其制度化、条文化，更有效地规范村民行为。乡规民约能够灵活约定法律及政策难以细化的执行方式，即使有些约定琐碎且散化，但其贴近民众生活、易操作的特点仍然使其足够受用，这也提高了乡村生态文明建设的共同行动能力，增强了村民对环境治理的参与度。

[①] 高其才.通过村规民约的乡村社会治理——当代锦屏苗侗地区村规民约功能研究[M].长沙：湘潭大学出版社，2018：138.
[②] 高其才.通过村规民约的乡村社会治理——当代锦屏苗侗地区村规民约功能研究[M].长沙：湘潭大学出版社，2018：134.
[③] 陈秋云，姚俊智.通过村规民约的农村生态环境治理[J].原生态民族文化学刊，2020（5）：85-92.

四、乡规民约助力当地经济发展

经济基础决定上层建筑，上层建筑反作用于经济基础。乡规民约作为地方的上层建筑，一定要与当地的特色经济或支柱产业相结合，助力产业振兴。乡规民约助力当地经济发展主要体现在以下几个方面：第一，乡规民约直接对产业进行调整和规范。就像清朝文斗村《六禁碑》的确立保障了当地的林木经济持续稳定发展，当代实施效果好的乡规民约也都充分体现了对当地产业经济的推动。比如浙江省安吉县双一村，毛竹是当地主要的经济来源，竹林保护是《村规民约》的重要内容。早在1983年《村规民约》就规定加强山林管理，节约用竹用木。搞好护笋养竹，偷挖冬笋、小笋，罚款1至10倍，毛柴不准出卖、送人[1]。江西省婺源县鄣山村村民世代以种茶为生，茶叶是当地村民主要的收入来源，村民成立了生态环境理事会，制定了乡规民约，对茶叶种植进行规范化管理。把"严格按照标准管理茶园，坚持不施化肥、不打农药，做到有机种茶、制茶，每斤鲜叶奖补6元"写进了《村规民约》，并由3名党员、群众代表负责监督评比。通过乡规民约制定的奖惩制度，规范了茶叶的生产与加工，调动了村民积极性，也打造了自己的特色品牌。2015年鄣山村被评为全国"一村一品"示范村行列，村民收入有了大幅提高[2]。

第二，乡规民约为乡村经济发展营造良好的社会环境。村民通过制定乡规民约净化社会风气，提升乡村的自然环境，使传统农业转变为观光农业、休闲农业、生态农业，实现旅游与农业的深度渗透融合，直接拉动了农村经济的快速增长，有效促进了农村产业结构的转型升级。

第三，乡规民约为扶贫攻坚提供精神支持。2015年11月29日，《中共中央 国务院关于打赢脱贫攻坚战的决定》发布，由此拉开了乡村脱贫攻坚的序幕。经过六年的努力，2021年2月25日，全国脱贫攻坚总结表彰大会在北京隆重举行，习近平总书记庄严宣告：我国脱贫攻坚战取得了全面胜利。在

---

[1] 浙江安吉：《村规民约》里见生态变迁[EB/OL].[2019-09-19]. https://www.xuexi.cn/lgpage/detail/index.html?id=630192301398937795.
[2] 洪忠佩. 种下幸福与梦想[N].人民日报，2021-05-27（20）.

脱贫攻坚过程中，乡规民约同样起到了重要的作用。脱贫攻坚扶贫，不仅要扶贫，更要"扶智、扶志"，关键是要激发贫困地区群众的内生动力，改变其等、靠、要的懒惰思想，乡规民约是重要的助推器。乡规民约制定和实施方式，相比国家法要柔和得多，内容也更贴近农村生活实际，很多地方的乡规民约是以顺口溜或者"三字经"的形式呈现的，读起来朗朗上口，易为村民接受。比如云南省普洱市澜沧县全县的157个行政村、2603个村民小组都有脱贫攻坚乡规民约，在乡规民约具体制定过程中，以社会主义核心价值观为指导，结合在脱贫攻坚中开展的"自强、诚信、感恩"主题教育实践活动，教育广大群众特别是党员干部成为带头执行村规民约的主体。发动各级挂包干部在10月17日全国"扶贫日"到来之际，深入结对帮扶的贫困户中再领学一次村规民约，给大家讲道理，说"规矩"，告诫村民遵守村规民约，消除陋习，自觉遵纪守规，实现自我教育、自我提高，自觉主动参与到脱贫攻坚中去。引导村民发挥道德教化、行为规范的约束力，引导村民按照规定办事，培育乡村新风，为全县打赢脱贫攻坚战奠定了坚实的群众"思想"基础。

第四章 当代乡规民约的建设现状
——以河北省为例

2018年民政部等七部委发布的《关于做好村规民约和居民公约工作的指导意见》指出，到2020年全国所有村、社区普遍制定或修订形成务实管用的村规民约、居民公约，推动健全党组织领导下自治、法治、德治相结合的现代基层社会治理机制的工作目标。地方各级政府立即行动，出台具体的实施办法，推动本地区乡规民约的建设。乡规民约在具体制定和实施过程中状况如何，本书课题组通过对所在地——秦皇岛市周边30多个乡村进行走访调研，并发放了调研问卷，了解乡规民约在秦皇岛实施的状况。同时在调研过程中，收集了52份乡规民约。课题组还通过动员学生、线上检索，汇集了河北省内石家庄市、沧州市、唐山市、保定市、张家口市、邢台市、廊坊市的乡规民约文本及其实施效果。以秦皇岛市为重点研究对象，分析河北省乡规民约的制定、内容和作用。"滴水见海""见微知著"，河北省乡规民约建设也是全国乡规民约建设的一个缩影。

第一节 河北省乡规民约实施概况

自2019年以来，河北省各级民政部门切实加强对乡规民约和居民公约制定修订工作的指导规范，不断提升城乡基层社会的治理水平。截至2020年，全省乡规民约和居民公约制定修订率达99.83%，实现了乡规民约的全覆盖。在制定乡规民约的过程中，河北省各乡村积极探索推进乡规民约在制定和实施方面的创新途径。

首先,注重榜样的示范作用,以点带面。先选取试点乡村,取得经验后再全面推开,以此实现乡规民约的平稳、顺利、有效的推广实施。比如邢台市在南石门、宴家屯、羊范3个乡镇6个村开展试点工作,将试点经验汇编成册,作为学习参考样板,在全区推开。衡水市深州市在每个乡镇选择3个村作为制定修订工作试点,为全面铺开提供样板[①]。现在,这种模式已经成为河北省推进乡规民约建设的范式。2020年河北省民政厅于9月23—24日在邯郸市肥乡区开展了"河北省2020年乡规民约现场观摩暨基层社区工作人员素质提升培训班",与会人员现场观摩了邯郸市肥乡区乡规民约(移风易俗)档案馆、广安社区居民公约和田寨村、后营村、申营村、南河马村4个村的乡规民约。邯郸市民政局、肥乡区政府,邢台市信都区民政局,沧州市献县本斋回族乡,石家庄市裕华区裕华路街道,衡水市冀州区冀州镇双冢村,承德市丰宁县人才家园社区,廊坊市固安县彭村乡荆垡营东村分别汇报了乡规民约、居民公约制定修订工作的经验[②]。通过这种观摩、学习、交流的方式,将各地乡规民约建设的优秀经验汇聚起来,在全省推广,提升全省乡规民约的建设水平,实现乡村善治。

其次,完善乡规民约管理制度。河北各地一直坚持把制定修订乡规民约、居民公约作为一项重点任务来抓。市级强力推动,县级精心指导,乡镇(街道)严格审核,村(居)具体落实,上下联动,合力推进。各地以县(市、区)为单位建立制定修订工作台账,明确乡镇(街道)分包领导责任,使居民公约真正成为居民自我管理、自我服务、自我教育、自我监督的标尺。比如,承德市指导各县区建立村(居)工作台账,全市2459个村委会、186个居委会全部确定了包保人员和完成工作时限。各市将进一步核实本地区乡规民约、居民公约完成数量,统筹协调、分类施策,对已经完成制定修订任务的村(社区),认真开展"回头看",及时查漏补缺,积极回应居民群众新诉

---

① 河北村规民约居民公约制定修订率达99.83%[EB/OL].[2020-10-10]. https://www.hebnews.cn/.
② 河北省召开2020年度村规民约暨基层社区工作人员素质提升培训班[EB/OL].[2020-09-27]. http://minzheng.hebei.gov.cn/.

求。制定修订乡规民约、居民公约，将突出问题导向，重点对群众反映强烈的滥办酒席、天价彩礼、薄养厚葬、拒绝赡养老人、涉黑涉恶、"黄赌毒"等突出问题，提出有针对性的抵制和约束内容。对违反情形，提出相应惩戒措施。确保年底前全省所有村、社区普遍制定或修订形成务实管用的乡规民约、居民公约。[1]

最后，乡规民约的内容更加务实。各地还从村民最关心、最直接、最现实的利益问题出发，不断加大制定修订力度，引导群众自觉遵守。衡水市冀州区双冢村结合新冠肺炎疫情防控，将返乡人员、流动人口健康管理纳入乡规民约，构筑起了群防群控防线。武强县周窝镇郭家院村将"廉政大锅台"纳入乡规民约，规范了烟、酒、饭、菜上限标准刹住了攀比之风，减轻了群众负担。邯郸市肥乡区266个村（社区）全部制定红白事操作标准，树立"零彩礼"典型1000多例，红白喜事盲目攀比、大操大办和"天价彩礼"现象得到有效遏制，相关支出明显下降，农村社会风气明显好转[2]。秦皇岛市狮子河村"两委"干部结合本村实际，充分尊重群众意愿，详细了解群众的所想所需所盼，经过多次调研讨论，充分征求村内党员及村民代表的意见，制定出台了群众认可、广泛遵守、具有本村特色的村规民约，引导群众自我教育、自我管理、自我约束，助推农村发展，引领乡村文明[3]。

第二节 乡规民约的文本分析

课题组共搜集了52份河北省的乡规民约，地域上涵盖河北省内石家庄市、秦皇岛市、沧州市、唐山市、保定市、张家口市、邢台市、廊坊市。接下来对这些乡规民约从形式和内容两方面进行分析。

---

[1] 河北省召开2020年度村规民约暨基层社区工作人员素质提升培训班[EB/OL].[2020-08-27]. http://minzheng.hebei.gov.cn/.
[2] 河北省召开2020年度村规民约暨基层社区工作人员素质提升培训班[EB/OL].[2020-08-27]. http://minzheng.hebei.gov.cn/.
[3] 秦皇岛狮子河村村规民约助推文明乡风[EB/OL].[2017-01-26]. http://hb.wenming.cn/.

一、乡规民约的形式

七部委《关于做好村规民约和居民公约工作的指导意见》规定乡规民约、居民公约由名称、正文、审议主体、日期四部分组成。名称为《××村村规民约》《××社区居民公约》；正文应简洁明了、贴近群众生产生活、易于掌握和遵守，可采取结构式、条款式、三字语、顺口溜、山歌民歌等表述形式。从搜集到的乡规民约来看，所有的乡规民约都比较规范，但是审议主体和日期缺失的比较多，正文形式多样，表4是乡规民约形式分类的统计。

表4-1 乡规民约形式分类统计

结构式	条款式	三字语	顺口溜	山歌民歌
7	31	2	12	0
13%	61%	3%	23%	0

通过数据统计，可以看到条款式和顺口溜是乡规民约普遍的表现形式。条款式乡规民约占到一半以上。根据文本分析，乡规民约的条款一般在10条左右，内容比较简单。在搜集到的乡规民约中，条款比较完备的是秦皇岛市海港区西港镇小乐安寨村村规民约，共48条，其中第41条下面还设有款，对授权村民会议讨论的事项进行具体规定。

秦皇岛市海港区西港镇小乐安寨村村规民约

为深入贯彻落实党的十九大做出的实施乡村振兴战略的重大决策部署，落实产业兴旺、生态宜居、乡风文明、治理有效、生活富裕的总要求，健全自治、德治、法治相结合的乡村治理体系，做好新时代"三农"工作，推进本村经济社会高质量发展，经党员村民代表会议讨论，并经党员村民代表会议审议通过，制定本村规民约。

第一条 全体村民要积极践行社会主义核心价值观，切实做到爱国、敬业、诚信、友善。

第二条 全体村民要学法、知法、守法，自觉维护法律尊严，积极同一切违法犯罪行为作斗争。要勇于推进扫黑除恶专项斗争，敢于揭发检举涉黑涉恶线索，让黑恶势力无藏身之地。

第三条　严禁参加任何传销组织，发现疑似传销行为要立即举报。

第四条　严禁扰乱公共秩序，自觉维护社会秩序和公共安全，不阻碍公务人员执行公务。

第五条　严禁偷盗、敲诈、哄抢国家、集体、个人财务，严禁替罪犯藏匿赃物。

第六条　严禁非法生产、运输、储存和买卖爆炸物品，严禁私藏枪支弹药。

第七条　严禁损坏水利、道路、交通、供电、通信、生产等公共设施，爱护公共财产。

第八条　严禁非法砍伐国家、集体或他人的林木，爱护生态环境。积极主动参与美国白蛾联防联治工作，发现疫情，立即上报村委会。

第九条　加强牲畜看管，避免危害他人人身安全，严禁损害他人庄稼、瓜果及其他农作物。加强非洲猪瘟防控工作，发现疑似疫情立即上报村委会。

第十条　村民饲养的动物、家禽造成他人损害的，饲养人或管理人负经济责任。倡导文明养犬，严禁散养。

第十一条　严禁吸食毒品。严禁种植罂粟、大麻等毒品植物，发现1株，罚款200元。严禁赌博。

第十二条　严禁使用散煤，自觉使用正规销售点销售的洁净煤。

第十三条　严禁露天焚烧垃圾、燎地边。提倡文明祭祀。严禁野外非法用火，违者视情节轻重处以100～3000元罚款。后果特别严重，造成重大损失的，移交司法机关处理。

第十四条　严禁将不明固体、液体废弃物运输到本村范围内。

第十五条　严禁破坏公共环境。村民要自觉搞好自家房前屋后、院内院外环境卫生，要自己动手义务清除宅基地范围以外堆放的柴草堆、土堆、石头堆、粪堆，并长期保持街道两侧干净整洁。对不清理的，倒扣集体经济或福利待遇。严禁在房基地以外集体土地上乱堆乱放。

第十六条　严禁污水乱泼、垃圾乱倒，严格实行垃圾分类，生活垃圾入桶，建筑垃圾、农作物垃圾分类堆放在指定位置。

第十七条　严禁向道路、沟渠、河道直排畜禽粪便；严禁院外临街拴养牲畜；禁止散养动物，自觉遵守圈养规定。

第十八条　实行"门前三包"：包卫生，做到门前无垃圾杂物、无污水；包绿化，管护好树木花草和绿化设施；包秩序，严禁乱挂晒、乱占道、乱堆放、乱张贴等影响村容村貌的行为。

第十九条　严禁侵占、买卖、出租或者以其他形式非法转让和变更村集体或他人的土地承包经营权，不得侵占集体利益。

第二十条　严禁在承包土地上挖沙取土；严禁让承租人在自家承包地上挖沙取土。严禁毁林开山，取石取土。一经发现，村委会按市场价格估算后予以处罚。

第二十一条　严禁改变土地用途，严禁在承包地上埋坟、建厂。对违法用地、违法建设，村委会有权制止并可以强制拆除。

第二十二条　严禁以不正当理由阻碍政府征地，若政府为整体规划建设征收集体或个人土地，要支持并授权村委会依法按土地政策规定办理相关征地手续。

第二十三条　严禁参加法轮功、门徒会、全能神等邪教组织。如发现，应立即向村委会报告，坚决同一切邪教组织作斗争。

第二十四条　严禁越级上访、5人以上集体访、闹访、缠访、无理访。严禁利用微信群等载体在网络上散布煽动性言论。严禁采取打横幅、穿状衣、喊口号、撒传单、自杀、自残、静坐、聚众围堵党政机关大门、利用痴苶呆傻人员扰乱公共场所秩序等行为上访，以访施压；违法的，由公安机关依法处理。

第二十五条　遇民事纠纷，尤其是邻里纠纷，本着团结友爱的原则平等协商解决；协商不成，向村委会反映，由村干部调解，调解不成，由镇群众工作中心调解，再调解不成，向人民法院起诉。

第二十六条　反映拖欠农民工工资或存在其他劳动争议的，应向人社局投诉。反映村干部违法违纪行为的，应向纪检部门提供线索。反映非法采沙等破坏生态环境行为的，应向国土部门举报。涉法涉诉的，寻求相关司法机关解决。

第二十七条　村民要自觉移风易俗，倡导文明新风，革除陈规陋习。村民要自觉接受村红白理事会管理，提倡喜事新办，丧事简办。操办婚事要限于亲属范围内，单方办席桌数控制在 10 桌以内，双方合办不得超过 18 桌；不办带有封建迷信色彩的丧葬活动；严格执行火葬，严禁土葬。

第二十八条　严禁请神弄鬼、装神弄鬼，不搞封建迷信活动；不听、不看、不传播淫秽书刊、录像。

第二十九条　不搞宗派活动，反对家族主义。

第三十条　积极参加村里组织的各种文化、体育活动，提倡全民健身。

第三十一条　坚守婚姻自由、男女平等、一夫一妻、尊老爱幼，建立团结和睦的家庭关系。反对家庭暴力。

第三十二条　提倡优生优育。

第三十三条　父母应尽抚养、教育未成年子女的义务。禁止歧视、虐待、遗弃女婴。子女要孝顺老人，尽赡养老人的义务；不得歧视、虐待老人。

第三十四条　没有或限制行为能力的村民给他人造成损害的，监护人应主动承担经济责任。

第三十五条　认真遵守户籍管理规定，出生、死亡要及时申报和注销。发现外来人口要及时报告，有需要在本村短期居住的外来人口，到村委会办理相关手续后方可居住。居住期内必须遵守本村村规民约。

第三十六条　严格遵守村级组织换届选举纪律，自觉抵制拉票贿选等行为，不以个人关系亲疏、利益轻重为标准进行推荐和选举。村"两委"干部、党员、村民代表不正确履行竞选承诺，要主动辞职。

第三十七条　积极参与村级民主管理，推选奉公守法、品行良好、公道正派、廉洁自律、热心公益、具有一定文化水平和工作能力的人员担任村干部。

第三十八条　村民要讲究诚信，坚决做到一诺千金，要说话算话，达成协议后不能反复无常。

第三十九条　村民要积极参与爱党爱国、夫妻和睦、孝老爱亲、遵纪守法、勤俭持家、勤劳致富、教子有方、助人为乐、文明新风、环境卫生十种类型"最美家庭"创建活动，争当十星级文明户。凡被依法处罚或违反本村规民约的村民，在本年度不得获评"文明户""最美家庭"等荣誉称号。

第四十条　村民要积极履行筹资筹劳义务，推进"一事一议"等工程，加强本村基础设施建设。

第四十一条　以下八项事宜授权村民代表会议讨论决定：

（一）本村享受误工补贴的人员及补贴标准；

（二）村集体经济所得收益分配和使用；

（三）本村公益事业的兴办和筹资筹劳及建设承包方案；

（四）土地承包经营方案；

（五）村集体经济项目立项、承包方案；

（六）宅基地的使用方案；

（七）征地补偿费的使用、分配方案；

（八）以借贷、租赁或者其他方式处置村集体财产。

第四十二条　在发生森林火灾、洪灾、地震等自然灾害时，18周岁以上青壮年要挺身而出，自觉投身到应急抢险中来，确保人民生命财产安全。

第四十三条　以户为单位建立遵规守约村民档案。村民档案包括诚信档案、履行村民义务档案（含投工投劳投资档案）、遵纪守法档案、信访行为档案。凡本户成员有违法违纪、打架斗殴、长期无理由上访、道德品行败坏、不履行村民义务、不守诚信等行为均记录在村民档案中，其子女、亲属就学、就业、参军、入团、入党、介绍相亲等需村里政审时，村党支部根据村民档案如实出具证明材料。

第四十四条　凡违反本村规民约，除触犯法律交由有关部门依法处理的，村民委员会可做出如下处理：批评教育，责令改正；写出检讨书，并在村内通报；责令其恢复原状或作价赔偿；取消享受或暂缓享受集体经济待遇或其他福利待遇。

第四十五条　违反本村规民约，必须进行处理的，必须在调查核实后，经村"两委"会议研究决定，按规定严格执行。

第四十六条　全体党员、村民代表要带头执行村规民约，自觉接受全体村民监督。

第四十七条　本村规民约如有与国家法律、法规、政策相抵触的，按国家法律、法规、政策规定执行。

第四十八条　本村规民约自2020年6月1日起实施。

二、乡规民约的内容分析

《民政部 中央组织部 中央政法委 中央文明办 司法部 农业农村部 全国妇联关于做好村规民约和居民公约工作的指导意见》中指出，乡规民约的内容一般应包括：规定村民日常行为准则，践行社会主义核心价值观；维护公共秩序，建设平安张乡村；保障群众利益，关爱弱势群体；调解群众纠纷，引领善良风俗。通过对收集乡规民约文本的分析，基本都能体现上述内容。

（一）拥护党的领导，遵守国家法律

"党政军民学，东西南北中，党是领导一切的。"在国家治理体系大棋局中，党中央是坐镇中军帐的"帅"，车马炮各展其长，一盘棋大局分明。坚持党的领导，是一切工作的前提[①]。基层治理也好，乡规民约的制定也好，都要坚持党的领导。所以乡规民约内容里党的领导是第一位的。定州市东亭镇固城区乡规民约第一条就规定"拥护中国共产党的领导，认真执行党的路线、方针、政策，积极完成上级党委政府下达的各项目标任务"。蠡县万安镇邱庄村乡规民约以顺口溜的形式规定"爱国、爱党、爱社会主义"。秦皇岛市抚宁区某村乡规民约除了规定拥护中国共产党的绝对领导外，还与时俱进地规定了加强党史学习，并具体规定了学习方式和内容。该村规规定党史学习不仅仅限于全体党员，要扩大到全体村民群众。要经常收看央视红色经典节目，来村委会阅读党史图书，到老党员家倾听红色故事，提升自身的文化境界。乡规民约是党领导下基层治理的重要抓手，也是社会主义法治体系的重要组成部分，在乡村法治化建设过程中，是国家法重要的补充。所以尽管乡规民约作为软法和国家法有着本质上的区别，但是在价值观上必须一致，不得违背国家法的基本原则；同时乡规民约应当助力国家法在农村的推行，提高村民的法治意识。所以，每一部乡规民约都无一例外地强调遵守法律，全体村民要知法守法，坚决同一切违法现象作斗争。许多乡规民约都将拥护中国共产党的领导和遵守法律结合起来，置于乡规民约的开头。如秦皇岛市北戴河

[①] 党政军民学，东西南北中，党是领导一切的[EB/OL].[2018-06-25].http://www.wenming.cn/zyh/jcjy/201806/t20180625_4732307.shtml.

新区洋河口渔业村乡规民约第一条规定"坚决拥护中党的领导。紧密团结在以习近平同志为核心的党中央周围。严格遵守党纪国法"。秦皇岛市昌黎县葛条港乡歇马台村乡规民约规定"拥护中国共产党的领导，遵守国家法律法规。执行党和国家的路线方针政策，践行社会主义核心价值观"。保定市下辖定州市北宫城村乡规民约规定"热爱祖国，热爱中国共产党，热爱集体，学法，懂法，守法，同一切违法犯罪行为作斗争"。

（二）规定乡村公共事务

协助国家法，管理公共事务，维护公共设施，是乡规民约的重要职能。通过对搜集的文本分析，乡规民约涉及的公共事务包括土地规划、公共设施维护、防火、道路、交通。通过乡规民约的规定和实施，保障农村的公共事务产品的有效提供，提高乡村社会的管理水平。定州市北宫城村、小堡自町村、杨只东村，秦皇岛市青龙满族自治县拉拉岭村都规定，爱护公共财物，不得损坏水利、交通、通信、供电、供水、生产、休闲场所等公共设施。在道路交通安全方面，秦皇岛市陈台子村规定了村民有养路护路的义务："自觉养路护路，维护道路通畅。不准在村道主道边搭建违章建筑，堆放废土、乱石、杂物。不准在路肩上种植作物，侵占路面。"邢台市南寺郭村规定了禁止"三无"车辆行驶，禁止酒驾和醉驾："三无车辆不要坐，醉酒行驶祸事多。"秦皇岛市很多乡村处在山区，因此在乡规民约中都有森林防火的规定，也有的乡村制定了森林防火专项公约。如青龙满族自治县马圈子镇孤山子村规定，加强野外明火管理，严防明火发生，违反者，村委会将收取100～500元点火管理费。海港区驻操营镇吴庄村规定，增强防火意识，不许携带火种进山，不焚烧秸秆儿和燎地边儿，文明祭祀，防止火灾发生。青龙满族自治县隔河头镇罗汉洞村则以顺口溜的形式规定：护林防火记心间，野外冒烟要罚款。七道河村则专门制定了森林防火村规民约（见图4-1）。

（三）保护集体资产

农村集体资产是农民赖以生存、乡村秩序得以正常维系的物质基础。为探索农村集体所有制有效实现形式，创新农村集体经济运行机制，保护农民集体资产权益，调动农民发展现代农业和建设社会主义新农村的积极性，中共中央、国务院于2016年12月出台了《关于稳步推进农村集体产权制度改革的意见》，要求抓紧研究制定农村集体经济组织方面的法律，赋予农村集体经济组织法人资格，明确权利义务关系，抓紧修改农村土地承包方面的法律，赋予农民更加充分而有保障的土地权益。适时完善集体土地征收、集体经营性建设用地入市、宅基地管理等方面的法律制度。保护集体资产不流失、保障集体资产的合理分配也是乡规民约作为软法的重要内容。大部分乡规民约都规定爱护集体财产，严禁偷盗、敲诈、哄抢集体和个人财物，严禁窝藏赃物。对森林、土地这些重要的集体资产，乡规民约作了专门规定。定州市北宫城村乡规民约规定，严禁私自砍伐国家、集体林木，不准在进村路旁乱挖土，严禁损坏庄稼、瓜果及其他作物。在土地规划使用方面，定州市东亭镇固城村乡规民约对建房的土地使用进行统一规划，规定建房应当服从村庄建设规划，按党支部、村委会要求统一规划施工，并经村委会有关部门批准方可施工。秦皇岛市昌黎县葛条港乡歇马台村规定，严格执行土地法，不乱占耕地、土地，服从村镇建房规划，杜绝“三非”现象发生。沧州市沧县捷地村规定，“不违规建房，宅基工地，没有有关部门的审批，不能动工建造”。

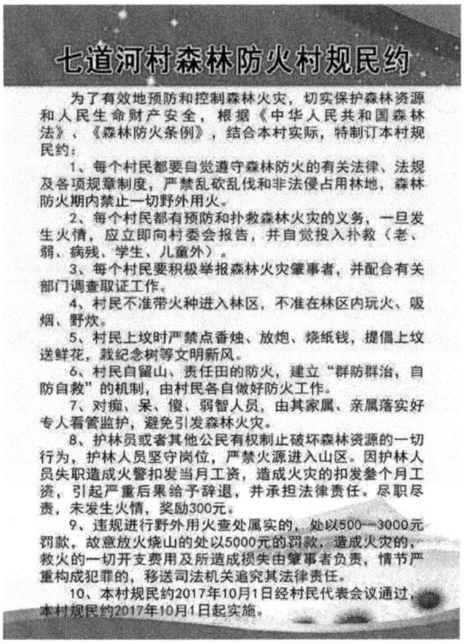

七道河村森林防火村规民约

为了有效地预防和控制森林火灾，切实保护森林资源和人民生命财产安全，根据《中华人民共和国森林法》、《森林防火条例》，结合本村实际，特制订本村规民约：

1、每个村民都要自觉遵守森林防火的有关法律、法规及各项规章制度，严禁乱砍乱伐和非法侵占用林地，森林防火期内禁止一切野外用火。

2、每个村民都有预防和扑救森林火灾的义务，一旦发生火情，应立即向村委会报告，并自觉投入扑救（老、弱、病残、学生、儿童外）。

3、每个村民要积极举报森林火灾肇事者，并配合有关部门调查取证工作。

4、村民不准带火种进入林区，不准在林区内玩火、吸烟、野炊。

5、村民上坟时严禁点香烛、放炮、烧纸钱，提倡上坟送鲜花，栽纪念树等文明新风。

6、村民自留山、责任田的防火，建立“群防群治，自防自救”的机制，由村民各自做好防火工作。

7、对痴、呆、傻、弱智人员，由其家属、亲属落实好专人看管监护，避免引发森林火灾。

8、护林员或者其他公民有权制止破坏森林资源的一切行为，护林人员坚守岗位，严禁火源进入山区。因护林人员失职造成火警扣发当月工资，造成火灾的扣发叁个月工资，引起严重后果给予辞退，并承担法律责任。尽职尽责，未发生火情，奖励300元。

9、违规进行野外用火查处属实的，处以500—3000元罚款，故意放火烧山的处以5000元的罚款，造成火灾的，救火的一切开支费用及所造成损失由肇事者负责，情节严重构成犯罪的，移送司法机关追究其法律责任。

10、本村规民约2017年10月1日经村民代表会议通过，本村规民约2017年10月1日起实施。

图4-1 七道河村森林防火村规民约

（四）维护社会治安

乡村社会治安与农民权益保障、农村社会秩序稳定、农村经济发展有着密切的关系，因此建设平安乡村成为乡村振兴战略计划中的重要内容。乡规民约对社会治安的维护一方面体现在严禁打架斗殴、黄赌毒盗拐骗等违法犯罪活动。秦皇岛青龙满族自治县土门子镇影壁山村规定,"不要打架斗殴、拳脚相向";海港区驻操营镇吴庄村规定,"正确处理好村民之间的相互关系,不得惹是生非。不得聚众闹事、拉帮结派、打架斗殴"。安国市北段村规定,"不打架斗殴,不酗酒闹事,不传播复制暴力、黄色淫秽书刊"。定州市小堡自町村和塔宣村都规定,"严禁偷盗、敲诈,哄抢国家、集体、个人财产,严禁赌博,严禁藏匿赃物,严禁种植毒品。不得私藏枪支弹药,拾得枪支弹药、爆炸物品要及时上交公安机关"。另一方面维护社会治安、建设平安乡村要严厉打击农村黑恶势力、宗族恶势力。定州市庞村镇苏泉村规定:"建立正常人际关系,不搞宗派活动,反对家族主义。坚决杜绝法轮功等邪教组织,对举报者给予奖励。"沧州市沧县捷地村规定:"不拉帮结派,反对家族主义。"秦皇岛市抚宁区洋河口渔业村规定:"依靠群众,发动群众,坚决打赢扫黑除恶攻坚战。"

(五)维护乡村生态环境和公共卫生

农村环境是指以农村居民生活为中心的空间区域,既包括自然形成的环境,也包括人力建设的环境。农村环境卫生关系到农民生活质量、农村生产力发展、农村经济促进、农村社会发展和稳定的大局,对提高农村生产生活水平具有重要意义[①]。习近平总书记提出的"两山论",充分说明了生态文明建设的重要性,建设生态宜居的美丽乡村,是实现乡村振兴的重要目标。作为乡村治理重要载体的乡规民约,自然也应当把生态环境保护作为重要内容。乡规民约对农村环境的治理,主要包括以下几个方面:一是规定每家每户做好庭前"三包"。即包自觉经常清扫房前屋后;包不占用村公共空间堆放柴堆、粪堆或者生产生活垃圾;包门前街巷和责任田干净整洁。比如廊坊市香河县五百户镇四百户村乡规民约是以顺口溜的形式规定:"门前三包责任制,卫生清扫无死角。"定州市大寺头村乡规民约以条款的形式规定沿街门店包卫生、包立面清洁、包门前秩序。秦皇岛市西港镇小乐安寨村乡规民约"三包"内容更详细一些,第十八条规定实行"门前三包":包卫生,做到门前无垃圾

---

① 陈寒非,高其才.乡规民约在乡村治理中的积极作用实证研究[J].清华法学,2018(1):71.

杂物、无污水；包绿化，管护好树木花草和绿化设施；包秩序，严禁乱挂晒、乱占道、乱堆放、乱张贴等影响村容村貌的行为。二是规定垃圾分类投放。定州市东亭镇固城村社区乡规民约规定，自觉维护生态环境，垃圾分类投放，杜绝乱投乱倒现象，实施生活垃圾不落地清运，所有建筑垃圾必须倾倒指定地点。秦皇岛市西港镇小乐安寨村乡规民约第十六条规定，严禁污水乱泼、垃圾乱倒，严格实行垃圾分类，生活垃圾入桶，建筑垃圾、农作物垃圾分类堆放在指定位置。三是防止环境污染，保护生态环境。秦皇岛市卢龙县新庄子村乡规民约规定，家禽家畜集中圈养，不得散养，死禽、死畜要深埋。青龙满族自治县拉拉岭村村规民约规定，死禽、死畜要深埋，不得丢到河道和机井里，以免造成二次污染。定州市大寺头村乡规民约规定，保护生态环境，保护我们呼吸的空气，保护我们饮用的水源，保护我们赖以生存的土壤。秦皇岛市海港区杜庄镇徐家沟村乡规民约以顺口溜的形式规定："房前屋后扫干净，环境优美又卫生。"四是规定乡村公共卫生，定州市北宫城村在乡规民约规定了针对新冠肺炎疫情的防控措施："常通风勤洗手，莫往聚集人群凑；少串门儿不聚会，公筷使用不能少；不见面有网聊，出门不忘戴口罩，1米距离要牢记，减少传播健康你我；咳嗽发烧不要忍，戴好口罩尽快就诊；红白喜事要从简，移风易俗保平安。"

（六）加强乡村文明建设

乡村振兴既要"塑形"又要"铸魂"，"塑形"即乡村物质层面的发展，发展乡村产业经济、打造美丽乡村；"铸魂"则是提升乡村精神文明层面，要培养文明乡风、良好家风和乡民公共道德水平。乡规民约是提升乡村精神文明的重要阵地，根据搜集的乡规民约的文本来看，其对精神文明建设的规定，主要体现在以下几个方面：一是将社会主义核心价值观融入乡规民约。定州市的大寺头村和西甘德村、秦皇岛市小乐安寨村都在乡规民约的第一条规定，全体村民要积极践行社会主义核心价值观，切实做到爱国、敬业、诚信、友善。二是倡导优良家风，包括尊老爱幼、夫妻和睦，禁止家庭暴力。定州市西甘德村乡规民约规定："传承良好家风家教，孝老爱亲，家庭和睦，自觉履行赡养老人和抚养子女的义务。"秦皇岛市海港区西港镇小乐安寨村乡规民约规定："坚守婚姻自由、男女平等、一夫一妻、尊老爱幼，建立团结和睦的家庭关系。反对家庭暴力。父母应尽抚养、教育未成年子女的义务。禁止歧视、虐待、遗弃女婴。子女要孝顺老人，尽赡养老人的义务；不得歧视、虐待老人。"河北省邢台市南寺郭村乡规民约规定："夫妻相偕敬到老，尊老爱幼家庭好。"三是提升村民公共道德水平，构建团结友爱、互谅互让的邻里关系。如张家口市宣化区陈家庄村乡规民约规定："邻里相处，贵在和睦。"秦皇岛市海港区卸粮口村乡规民约规定："全体村民要和睦，邻里互助，尊老爱幼。"四是移风易俗，引领文明乡风。《民政部 中央组织部 中央政法委 中央文明办 司法部 农业农村部 全国妇联关于做好村规民约和居民公约工作的指导意见》特别指出，乡规民约尤其要针对滥办酒席、天价彩礼、薄养厚葬、攀比炫富、铺张浪费等突出问题，提出有针对性的抵制和约束内容。而上述现象又在乡村普遍存在，所以提倡婚事新办、丧事简办，反对铺张浪费，成为乡规民约的重要内容。有的乡村成立的红白理事会自治组织，制定了红白理事会章程，对于红白事的桌数和花费都做了规定。比如秦皇岛市青龙满族自治县陈台子村、拉拉岭村、海港区卸粮口村、中心庄村、小乐安寨村都组建了红白理事会，统一管理村里的婚丧嫁娶。小乐安寨村乡规民约规定："村民要自觉移风易俗，倡导文明新风，革除陈规陋习。村民要自觉接受村红白理事会管理，提倡喜事新办，丧事简办。操办婚事要限于亲属范围内，单方办席桌数控制在10桌以内，双方合办不得超过18桌；不办带有封建迷信色彩的丧葬活动；严格执行火葬，严禁土葬。"拉拉岭村乡规民约规定："提倡婚事新办，丧事简办。喜事小半或不办。恶俗陋习禁办。提倡红白事由村红白理事会统一操办，席面儿不超过10桌，庄礼不超过100元。"青龙满族自治县土门子镇小岭沟村则用一组打油诗，配上宣传画的方式对村民进行引导，图文并茂，还具有文学底蕴，村民读起来能够入脑、入心（见图4-2）。

图 4-2　青龙县土门子乡小岭沟村村规民约

厚养薄葬	婚事新办	喜事俭办
生前孝顺胜一切，	道喜无须大红包，	升迁升学宴席多，
死后丰盛给谁看？	天价彩礼要不得。	万千请帖压弯腰。
烧纸再多有何用，	集体婚礼促和谐，	大摆宴席太铺张，
信使树葬俱欢颜。	文明婚庆人人夸。	喜事节俭大家赞。

（七）解决民间纠纷

乡规民约扎根于乡土社会，在内容上融合了本地域的习惯风俗，集中体现了乡民共同的社会道德观和价值标准，在解决乡村人际冲突、摩擦，维护地方秩序和谐方面通常比国家法更有效。关于解决民间纠纷的内容，在乡规民约中也有体现，但是规定得比较笼统。秦皇岛市西港镇小乐安寨村乡规民约规定："遇民事纠纷，尤其是邻里纠纷，本着团结友爱的原则平等协商解决；协商不成，向村委会反映，由村干部调解；调解不成，由镇群众工作中心调解；再调解不成，向人民法院起诉。"定州市塔宣村乡规民约规定："村民发生纠纷，双方当事人应当自行协商解决，协商不成由村委会调处。如果一方当事人继续纠缠，再次引发事端，应承担由此导致的矛盾升级的主要或全部责任。邻里纠纷应该本着团结友爱的原则，平等协商解决，协商不成的，可以申请村委会调解，也可依法向人民法院起诉。树立依法维权意识，不得以牙还牙,以暴制暴。"上述规定可以看到,乡规民约对于民间纠纷本着协商、调解的解决方式,不主张对簿公堂,村委会是调解的主体。如果调解不成,当事人应当走司法诉讼程序,禁止冤冤相报。

(八)保障群众权益

根据《民政部 中央组织部 中央政法委 中央文明办 司法部 农业农村部 全国妇联关于做好村规民约和居民公约工作的指导意见》,乡规民约对群众权益的保障主要体现在婚姻家庭中对妇女权益的保护,保护的核心是婚姻自由、一夫一妻,家庭中男女平等,禁止家庭暴力,女方生育后,不得歧视女婴。定州市塔宣村乡规民约规定:"遵循婚姻自由,男女平等,一夫一妻,夫妻地位平等,共同承担家务劳动,共同管理家庭财产,反对家庭暴力","禁止歧视、虐待、遗弃女婴"。秦皇岛市昌黎县歇马台村乡规民约规定:"维护妇女、儿童及老人的合法权益。"海港区小乐安寨村乡规民约规定:"坚守婚姻自由、男女平等、一夫一妻、尊老爱幼,建立团结和睦的家庭关系,反对家庭暴力。"

第三节 乡规民约在乡村治理中的实践成果

一、涵养文明乡风,共建和谐乡村

乡规民约在乡村治理中最显著的成效莫过于文明乡风的涵养,乡规民约充分发掘当地的优秀传统文化、家风家训的内涵魅力,并和社会主义核心价值观相结合,通过三字经、顺口溜等百姓喜闻乐见的形式予以宣传。这使得乡规民约既有深厚的群众基础,也有广泛的社会认同,成为法律之外的行为规范和道德准则,对于社会主义核心价值观深入人心、加强乡村精神文明建设越来越彰显出巨大的现实意义和实用价值。

实例一：

遵化：村规民约"约"出崇廉尚善新风[①]

今年以来，遵化市纪委监委坚持"清风乡村"与乡村振兴一路同行，把党风廉政宣传教育体现在村规民约中，以廉政景观、灯杆路旗、文化长廊等为载体，强化农村廉政文化阵地建设，树民风，扬正气，促实干，达到耳濡目染、滴水穿石的效果。

"村规民约就是村里的'法'，有让人孝敬的、明礼的，有让人守纪律、守规矩的，随处可见，时刻都是教育提醒"，"提倡干什么，不能干什么，清清楚楚，一看就明白，作为党员干部更要主动遵守……"村民纷纷关注。

不仅仅是停留在街面上，通过送对联、送日历、编排文艺节目等形式，村规民约已经进村入户。新颖的顺口溜、三字经的形式，融入崇廉、向善、实干的元素，朗朗上口，耳目一新，成为村民街谈议引经据典的"金句"。

"村规民约不但连着民风，还关系到党风政风。下步将选取试点村，对村规民约进行提炼，组织开展文艺创作展演，通过群众欢迎、容易接受的方式，把廉洁文化辐射到千家万户。"遵化市纪委宣传部负责人表示。

实例二：

秦皇岛市北戴河新区圈里村"村规民约"助推文明乡风[②]

圈里村位于秦皇岛市北戴河新区留守营管理处东端，邻近新沿海公路。圈里村面积较小，人口较少。村内现有人口430人，169户，目前全村共有土地720亩，其中村址面积150亩，村两委班子由5人组成，党支部书记李柏成，支委杨立新、李少红，村委会主任杨立新，村委单培丽、李冬青，村文书单培丽，妇代会主任李冬青，全村有1个村民小组，36名党员，9名村民代表。该村班子团结，工作扎实，作风民主，能够率先完成上级交给的各项

---

① 遵化：村规民约"约"出崇廉尚善新风 [EB/OL].[2019-05-09].https://www.tscdi.gov.cn/.
② 秦皇岛市北戴河新区圈里村"村规民约"助推文明乡风 [EB/OL]. [2017-03-31]https://www.sohu.com/a/131349028_484695

任务，有较强的班子凝聚力和工作战斗力。村民主要从事种植、养殖业，另外村内扇贝养殖业较发达。村内民风淳朴，诚实守信，遵纪守法，尊老爱幼，尊敬领导，团结同志，与邻里之间和睦相处。

在乡规民约的制定和实施方面，圈里村严把这几道关：

一是把握一个"村"字，根据村情，说本村话，管本村事，有浓浓的乡土味。二是把握一个"民"字，在村党支部、村委会的引导下议村情、理民意、还民意、得民心，具有浓浓的为民情。三是各村有个依"规"操作、按"约"办事的班子，由村民公选村民代表、党员组成，在操作上说话算数。四是把好一个"严"字，在村规民约面前人人平等，一碗水端平。

实例三：

迁安市上射雁庄村：一则村训规矩　美丽乡村展新图[①]

上射雁庄村距离迁安市区10公里，是一个典型的小山村。近年来，这个村深入开展乡村文明行动，以提高群众文明素质和文明程度为目标，不断完善农村基础设施建设，广泛开展崇尚移风易俗新风尚活动，新修订的村规民约也深入人心，成为村民共识，营造了一个和谐的美丽乡村。

2013年前后，上射雁庄人书写了自己16句128字的村训，"立村之本、民风至上……循规以圆、蹈矩以方……"字字警醒、时时提醒，四年时间，村民们自觉遵守、传承村风。杨林称为了能转变村民思想观念，使村风民风从"一时美"迈向"持久美"，上射雁庄村在村街醒目处设置专门的村训宣传栏，提示村民牢记村训、遵守村训。

在制定村训的同时，上射雁庄村进一步健全完善了村规民约、红白理事会章程，在移风易俗、倡树文明新风上狠下功夫，推动移风易俗改革，倡导喜事新办丧事从俭，破除封建迷信，树立文明新风，引导村民自我管理，自觉抵制低俗之风。"不要小看这个小村训，它可是让村民把美丽和文明放在心上的大力量。"杨林感慨道。

---

① 迁安市上射雁庄村：一则村训定规矩 美丽乡村展新图[EB/OL].[2019-11-21].http://hb.wenming.cn/zt/wmxf/mlixc/201911/t20191121_5326508.html：

杨林称，以往村里给老人办白事少说也要3万元，如果有攀比，费用更高，"为了转变村民思想，我们成立了红白理事会，上门为村民做思想工作，如今连1万元也用不了。因为实用，村里年轻人都很拥护，村民们都认为这是好事，你攀我比、大操大办、铺张浪费的现象越来越少，村风民风越来越淳朴。"

二、整改人居环境，打造美丽乡村

改善农村人居环境是实现乡村振兴战略中极为重要的一环。通过人居环境的提升，能够为乡村产业振兴拓展空间，青山秀水是乡村招商引资的一张"金色的名片"，同时也为涵养乡村文明、引领团结友爱社会风尚提供了良好的物质环境。物质文明是精神文明的基础，古语"穷山恶水出刁民"是有一定道理的。试想，在一个污水横流、空气污浊的环境中，怎么能够实现村民团结友爱、互谅互让的和谐氛围？乡规民约教育村民保持庭前屋后清洁、垃圾分类处理、防止环境污染、改善村容村貌、建设美丽乡村，在实践中也收到了不错的治理效果。

实例一：

河北秦皇岛再掀农村人居环境整治新高潮[①]

秦皇岛市谋划制定了农村人居环境整治提升工作实施方案，明确了整治提升工作的重点、举措和保障措施，并确定了农村人居环境整治提升的十条标准。各县区党委、政府迅速落实安排部署，成立相应组织机构，扎实推进方案实施。整治提升行动为期3个月，共分两个阶段：2021年10月30日至11月20日为集中攻坚阶段，主要是针对农村人居环境的薄弱点，集中开展全面整治，重点整治脏乱差问题；11月21日至2022年1月底为巩固阶段，重点是进一步解决脏乱差问题，巩固提升第一阶段成果，对长期以来存在的突出问题开展督导回头看。

[①] 河北秦皇岛再掀农村人居环境整治新高潮[EB/OL].[2021-11-05].http://k.sina.com.cn/article_7517400647_1c0126e4705901nac1.html.

其中，一项重要的措施就是秦皇岛市将农村人居环境整治工作纳入村规民约，全面推广红黑榜单制、星级评定制、刷村督导制、乡镇擂台赛、积分兑换制等经验做法，健全村庄网格化管理制和"门前五包"机制长效机制，充分发挥农村党员、网格长、坑塘长、河长、路长等监督管理职责，鼓励群众积极参与，养成自觉维护村庄环境的良好习惯。

实例二：

徐家庄乡制定衡水市首部《农村人居环境整治乡规民约》[①]

徐家庄乡党委政府在农村人居环境整治中，致力于不断创新优化长效机制，在实践探索中初步建立了以各方共谋、共推、共管、共评、共享为主要内容的"责任共担、全域推进"管理模式，也就是在乡村干部层面，建立了环卫整治擂台赛机制；在环卫公司层面，制定了扣分、罚款、督办、辞退等最严格的考核机制；在群众层面，最近制定了衡水市首部《农村人居环境整治乡规民约》。机制的创新，开创了工作的新局面。《徐家庄乡农村人居环境整治乡规民约》，是该乡党委在广泛征求"两代表一委员"及社会各界意见和建议的基础上，经乡人大审议通过后制订的。此部乡规民约专门针对农村人居环境制定，并且通过乡人大审议通过，在衡水市尚属首例。本部乡规民约有五大亮点：一是日常有规矩。教育引导广大群众切实做到"四个倡导""十个严禁"。"四个倡导"就是倡导义务参与环卫整治；倡导垃圾"装袋入桶"；倡导创建美丽庭院；倡导院内外空地建小菜园、小花园等。"十个严禁"就是严禁乱扔乱倒垃圾、严禁随意倾倒污水、严禁秸秆进村、严禁乱堆乱放杂物等等。二是每月有活动。将每月 16 日定为"全民环卫宣传日"，每月 17 日为"全民义务清洁日"。每月活动都要制定详细的工作方案、标准要求，并督促检查、考核评比，工作成效计入各村年度考核。三是监管有措施。实行"四步监管"和"黑名单"制度。规定：违反"十个严禁"条款者，启动处理程序。第一步，教育警告，促其整改；第二步，拒不整改，下发《训诫书》；第

[①] 徐家庄乡制定衡水市首部《农村人居环境整治乡规民约》[EB/OL].[2020-04-18] https://xw.qq.com/cmsid/20200417a0m8fw00https://xw.qq.com/amphtml/20200417A0M8FW00W00.

三步，仍不整改，酌情收取 100～2000 元环卫清洁费；第四步，拒不交纳清洁费者，列入黑名单，并在全乡通报，综合治理，促其整改。四是落实有台账。乡为各村建立考核台账，根据村常住户院内外义务整治率，考核各村工作成效。村常住户院内外义务整治率达到 100% 的村为示范村，达到 70% 的村为达标村，达到 50% 的村为提升村。村为落实《乡规民约》的户建立专门台账、档案，一户一户地抓，引导创建成"清洁庭院""美丽庭院"或"精品庭院"。五是工作有目标。到 2020 年年底，全乡"五清三建一改"任务全部完成，力争示范村创建率达到 80%，成为全省示范乡。再通过一年的努力，力争示范村创建率达到 100%。

三、促进乡村民主自治，化解乡民矛盾

乡规民约作为软法是社会主义法治体系的重要组成部分，也是村民自治的产物。所以乡规民约的发展水平也是乡村民主法治化进程的重要标志。国家评选的"民主示范村"都拥有比较完善的乡规民约，村民自治程度高。

实例一：

迁西县铁门关村荣膺"全国民主法治示范村"[①]

地处燕山深处、长城脚下的迁西县滦阳镇铁门关村被司法部、民政部授予第八批"全国民主法治示范村"，这是继 2020 年度获评"全国文明村"后又荣膺的一项全国荣誉。

铁门关村现有 506 户 1900 多口人，近年来，该村充分发挥村"两委""领头羊"和 50 名党员及 36 名村民代表模范带头示范作用，积极推进全村"民主法治示范村"创建活动，加强宪法和民法典宣传教育，做到了连续十年零上访、无刑事案件，确保了社会稳定，经济发展，村民安居乐业。

营造法治创建氛围。该村先后投资 215 万元建造铁门关村文化广场，全

---

① 迁西县铁门关村荣膺"全国民主法治示范村"[EB/OL].[2021-03-24]. https://baijiahao.baidu.com/s?id=1695089518639610458&wfr=spider&for=pc.

力打造以党建文化为核心，自治文化、法治文化、德治文化、双拥文化、和谐文化、健康文化、安全文化于一体的综合性文化广场，建设了内容丰富的三治融合宣传栏，三治融合歌谣，广泛开展以案普法、以案释法、法治文艺演出、法治讲座等各种形式的法治宣传教育，基本形成群众办事依法、遇事找法、解决问题用法、化解矛盾靠法的良好氛围。通过开展"法律进村入户"定期访及广播等宣传活动，提高了农民的法律意识和法治观念，增强了民主选举、民主决策、民主监督、民主管理的意识和能力，促进和保障了农村社会稳定、经济发展。

完善村民自治机制。该村坚持普法同村民自治相结合，坚持依法治村、依规治村、以德治村、以理治村，以制度建设为着力点，将普法依法治理工作纳入村重要议事日程，建立健全村民选举制度，推进民主选举。建立和完善了村委会职责规定、村民会议制度、村两委会联席议事制度、党员和村民代表会议制度，以制度规范村务民主决策。制定《铁门关村规民约》，推进民主管理，增强了村务管理的民主性、科学性，有力推进移风易俗，树立新风正气。落实村务、财务公开制度，健全了村理财小组运作机制和职能。村民自治机制的建立和完善，促进了该村民主法治进程。

随着基层矛盾纠纷多元化解机制的提出和新"枫桥经验"的推行，乡规民约在矛盾纠纷解决过程中发挥越来越重要的作用。随着农村各类矛盾纠纷日益增多，调处难度日益增大，并且呈现出多元化、复杂化的趋势，很多基层法院开始探索巧用优秀传统文化、公序良俗、乡规民约，来预防和化解各类矛盾纠纷，既节省了国家的司法资源，又能妥善地解决矛盾，做到事了人和，矛盾不上交。

实例二：

多元解纷 依托"村规民约"化解相邻纠纷[①]

冯甲和冯乙东西为邻，冯甲在东，冯乙在西，二人还是叔伯兄弟，多年

[①] 多元解纷 依托"村规民约"化解相邻纠纷[EB/OL].[2020-08-10]. https://m.thepaper.cn/baijiahao_86793862.

来，两家相处和谐，从没出现矛盾。2019年冬，冯甲家想翻盖自家老宅，并且想在原来的基础上扩建为二层楼房，改善住房条件。正在冯甲家为此兴高采烈的时候，西邻的冯乙家却阴云密布。冯乙家觉得，东邻房子比自家高，自家的好风水都会被抢走，越想越闹心，遂找到冯甲家协商，但冯甲家并不认可，认为盖几层是自家的自由，冯乙进行干涉，并以封建迷信进行洗脑，是给自己添堵，最后，谈判不欢而散。之后，冯乙又几次找到冯甲家，均未果，原本关系不错的两家因此生嫌隙，关系面临瓦解。

其间，冯甲和冯乙也曾找到村委会，寻求支援。村委会做了大量工作，但既说不服冯甲放弃，也无法让冯乙让步。眼看矛盾就要白热化，村委会干部引导双方向辖区的长丰法庭寻求帮助。

2020年年初，新型冠状病毒肺炎袭来，冯甲的盖楼计划暂时搁浅，直到4月初，疫情向好，冯甲要动工，冯乙百般阻拦，无奈之下双双来到长丰法庭。长丰法庭田稳强、王长根两名工作人员查看了冯甲所提交的材料后，认为冯甲的请求有法可依，但如果立案判决，强行盖房，那么，邻里间矛盾将无限扩大，在村里影响也会扩大，或将引发更多的农村矛盾纠纷。于是，两名工作人员询问了冯甲、冯乙的诉求，并做了笔录后，劝说二人回去等待。

很快，田稳强和王长根来到该村村委会，经与村干部沟通得知，该村对村民建房高低是有村规民约的，但作为该村首例建房纠纷，一则不知从何处着手，一则也担心村委会权威不够。鉴于该案存在的不安定隐患，长丰法庭经与村委会干部协商决定，以"村规民约"为基本原则，启动联调机制，对该起案件进行诉前调解。通过面对面、背对背、集中调解、分散调解等方式，几经约谈和走访，几番法理、情理、乡土人情的渗透，经过长丰法庭和村委会多轮共同努力，终于解开了系在二人心里的疙瘩，双方自愿签订了调解协议。随后，冯甲和冯乙表示会依照本村的村规民约中关于建房的规定履行。不久，冯甲的房子也如期动工。

四、国家司法行政机关助力乡规民约的发展

随着基层法院"诉调对接中心"普遍建立，司法机关逐渐意识到乡规民约

作为法治资源的价值，认为它是诉调对接的重要连接点，因此在实践中出现了当地司法机关参与指导乡规民约的制定。如此，既保证了乡规民约的合法性，又便于司法机关在调解中能够得心应手地运用乡规民约。最重要的是，通过司法机关的行为，能够增强乡规民约在村民心目中的权威。因为我国相当一部分乡规民约不是由全体村民共同制定的（后文有论述），往往是村"两委"拟定，所以这样的乡规民约因为缺少公众参与而缺乏公共权威。司法机关的参与制定和应用，无疑增加了乡规民约在村民心目中的分量，同时乡规民约在司法实践中的应用，解决了实际问题，也使村民认识到乡规民约的价值。

实例一：

唐山法庭开展"党建 E+"结对共建活动[①]

为进一步加强党对诉源治理工作的领导，提升法庭服务乡村水平，促进法庭 E+ 调解员矛盾化解能力的提高，唐山法庭党支部开展了与辖区镇办、村居支部的"党建 E+"共建交流系列活动。

2021 年 10 月 13 日，唐山法庭支部与田庄镇大庞村支部进行了"党建 E+"支部共建签约仪式。通过签订共建协议，建立了共建制度，丰富了共建内容，巩固了共建成果。

签约仪式后，唐山法庭就该村村规民约的制定完善与村干部进行了深入的讨论交流，并达成初步修改意见。针对农村常见的土地承包、相邻关系、借贷担保等常见纠纷与村法庭 E+ 调解员和村干部进行了探讨，对调解过程中发现的问题进行了针对性解答，对涉及的相关法律知识和调解技巧进行了指导。

通过共建活动，增进了法庭与村居支部之间的沟通了解，解决了诉源治理工作中遇到的诸多问题，交流了基层矛盾化解的经验，增强了诉源治理工作合力。

2021 年河北省委印发的《关于加强法治乡村建设的实施意见》指出，加强司法所建设，开展普法宣传、矛盾纠纷化解、社区矫正等工作，指导完善乡规民约和居民公约。实践中，司法局、司法所指导村规民约的制定

[①] 唐山法庭开展"党建 E+"结对共建活动设 [EB/OL]. [2021-10-13]. https://m.thepaper.cn/newsDetail_forward_14892555.

已经出现。

实例二：

衡水市阜城县司法局五项措施强化司法所建设 ①

近年来，衡水市阜城县司法局以牢记宗旨、司法为民为目标，在巩固建设成果的基础上，进一步加强组织领导，强化工作举措，不断推进司法所工作创新发展。

抓业务，职能作用最大化。

一是建立"一站式"公共法律服务体系。初步形成以"12348"法律服务热线为主线、以县公共法律服务中心为龙头、以乡镇公共法律服务站为载体、以村（居）公共法律服务工作室为支撑的公共法律服务体系，2020年该局又为十个乡镇公共法律服务站配备了"法小加"机器人，进一步形成全方位、全天候的法律服务体系。二是创新工作方式，化解社会矛盾。他们利用"所所联合"，即"司法所+律师事务所（法律服务所）"模式，实现律师事务所律师（法律服务所法律工作者）参与司法所矛盾处理、法律咨询，重难案件、重大决策研讨，为地方党委政府的科学合法决策提供有力的支撑。三是扎实开展普法依法治理工作。推动普法工作实现由传统方式向现代方式转变，充分利用电视、电台、报社、网络等现代传媒，以群众喜闻乐见的形式，提高普法的广泛性。2019年开始以开展"懂法支书"系列教育培训活动为抓手，邀请省司法警官职业学院教授，以"增强法治意识，提高治理能力"为主题，强化对全体村支书的教育培训，为基层依法治理奠定了良好基础。四是推动"一村（居）一法律顾问"工作。从法院、检察院、公安局、司法行政等部门选调政治观念强、法律素养好、工作热情高的288人充实到村（居）法律顾问，实现"一村（居）一法律顾问"全覆盖。一年来，帮助修订村规民约12份、提供书面法律意见41件、调解纠纷307件、办理法律援助案件24件、举办法治讲座137场次、解答法律咨询1346人次、走访群众839户、发放普法宣传资料5637份。

---

① 衡水市阜城县司法局五项措施强化司法所建设 [EB/OL].[2020-06-16]. http://sft.hebei.gov.cn/system/2020/06/16/030032227.shtml.

第四节　乡规民约建设实施过程中存在的问题

自党的十八届四中全会提出推进多层次多领域依法治理，发挥市民公约、乡规民约、行业规章、团体章程等社会规范在社会治理中的积极作用后，乡规民约的建设和完善日益受到重视，在基层社会治理中的地位也不断提升。无论是"三治融合"治理格局的创建，还是多元化矛盾纠纷化解机制的实施，都凸显出乡规民约不可或缺的作用。乡规民约的完善与否是衡量乡村民主自治水平的重要标志，也是乡村法治化进程的重要标准。目前，根据《关于做好村规民约和居民公约工作的指导意义》要求，乡规民约已经基本实现了全覆盖。但是很多乡规民约的建设只是停留在形式层面，内容空泛，社会治理作用虚化，难以为乡村社会治理提供有效的制度供给。因此加强乡规民约的针对性、可操作性，融入社会主义核心价值观，提升其治理效能，使其在引领文明乡风、建设平安乡村，协调村民关系，推动农村产业发展方面，发挥切实作用。这是完善乡规民约的当务之急。

课题组遵循人类学的"小地方，大论题"的研究传统，"在细微中建构宏大，叙事不妨细致"，对青龙满族自治县大巫岚镇张庄村和茨榆山乡展开调研。本节将结合搜集的文献，对乡规民约在制定和实施过程中存在的问题进行分析。

一、乡规民约的制定程序缺乏民主参与

乡规民约是村民自治的产物，《村民委员会组织法》规定乡规民约由村民会议制定。村民会议由本村十八周岁以上的村民组成。召开村民会议，应当有本村十八周岁以上村民的过半数，或者本村三分之二以上的户的代表参加，村民会议所作决定应当经到会人员的过半数通过。七部委联合发布的《关于做好村规民约和居民公约工作的指导意见》对于乡规民约的制定有更具体的规定：

①征集民意。村（社区）党组织、村（居）民委员会广泛征求群众意见，提出需要规范的内容和解决的问题。②拟定草案。村（社区）党组织、

村（居）民委员会就提出的问题和事项，组织群众广泛协商，根据群众意见拟定村规民约或居民公约草案，同时听取驻村或社区党代表、人大代表、政协委员、机关干部、法律顾问、妇联执委等意见建议。③提请审核。村（社区）党组织、村（居）民委员会根据有关意见修改完善后，报乡镇党委、政府（街道党工委、办事处）审核把关。④审议表决。村（社区）党组织、村（居）民委员会根据乡镇党委、政府（街道党工委、办事处）的审核意见，进一步修改形成审议稿，提交村（居）民会议审议讨论，根据讨论意见修订完善后提交会议表决通过。表决应遵循《村民委员会组织法》《城市居民委员会组织法》相关规定，并应有一定比例妇女参会。未根据审核意见改正的村规民约、居民公约不应提交村（居）民会议审议表决。⑤备案公布。村（社区）党组织、村（居）民委员会应于村（居）民会议表决通过后十日内，将村规民约、居民公约报乡镇党委、政府（街道党工委、办事处）备案，经乡镇党委、政府（街道党工委、办事处）严格把关后予以公布，让群众广泛知晓。

根据七部委出台的指导意见，乡规民约制定的各个阶段都要有村民的广泛参与。乡规民约制定之前需要广泛地征求民意，汇集村民共同关注的问题，并以此作为乡规民约草案的基础。拟定草案需要组织群众广泛协商，还应当听取驻村或社区党代表、人大代表、政协委员、机关干部、法律顾问、妇联执委等组织的意见，最大限度地保障内容的民主性和科学性。草案经乡镇党委政府审核通过以后，要提交村民会议通过。因此，乡规民约的制定过程处处体现民主性、自治性，要求村民高度参与其中，真正体现村民的自我管理、自我服务、自我教育、自我监督。但是在实践中，乡规民约制度存在着严重脱离村民的现象。从调查问卷的统计情况来看，40%的村民表示偶尔参与过乡规民约的制定，41%的村民表示从未参与过乡规民约的制定。实践中乡规民约一般都是村"两委"班子开会定一下，根本没开村民会议；即使开会，也未能达到法定人数。制定过程中，也没有广泛征求民意，有的村为了应付检查，在网上下载或在邻村照抄一份，还有的是直接使用乡镇政府提供的范本。这种范本式的乡规民约大多合乎国家的政策法令，但却缺乏对乡村现实生活的针对性，不能因地制宜地解决乡村社会生活中存在的各种实际问题。所以，尽管村民认为乡规民约很重要，但是真正了解乡规民约的并不多。调研过程中，49%的村民表示对乡规民约了解得很少，还有21%的村民表示完全不了解。乡规民约的产生程序背离了民主原则，这不仅为个别村干部的权力寻租提供了机会，而且还使乡规民约逐渐失去了群众基础。

二、乡规民约缺乏系统、规范的形式

《关于做好村规民约和居民公约工作的指导意见》指出，乡规民约可采取结构式、条款式、三字语、顺口溜、山歌民歌等各种表述形式，应简洁明了、贴近群众生产生活、易于掌握和遵守。在我们搜集的52份乡规民约文本中，条款式占61%，顺口溜和三字经占26%，结构式占13%，山歌民歌形式的乡规民约出现较少。在对秦皇岛市青龙满族自治县作调研时，发布的100份调研问卷显示，三字经、顺口溜形式占47%。即使是条款式乡规民约，一般也只在10条左右。通常是以宣传画的形式张贴在宣传栏或者文化墙上。我们找到的乡规民约中，只有秦皇岛市海港区西港镇小乐安寨村的乡规民约内容丰富，多达48条。再有就是根据报道，河北省元氏县铁屯村对乡规民约进行系统化整理、修订，印刷成册，集印成册的"村规民约"共99项902条。党的十八届四中全会以后，铁屯村对既有乡规民约进行全方位的修订补充，形成的这99项共902条村规，囊括了村里面可能遇到的方方面面的问题。有约束干部日常管理的《村党委工作职责》《村民代办室职责》，有规范村民行为素质的《村民自治章程》《村规民约》，有监督各项制度落实的《民主决策程序》《资金管理制度》《村务公开制度》[①]。可见铁屯村已经形成了一套以乡规民约为核心的治理体系，然而，这样完备的乡规民约并不多见。民政部公布的优秀乡规民约的案例也多是以顺口溜的形式出现。

---

① 元氏铁屯村被国家司法部、民政部授予"全国民主法治示范村"[EB/OL].[2019-01-08]. http://sjz.hebnews.cn/2019-01/08/content_7330417.htm.

江苏省昆山市周市镇市北村村规民约

一、总则篇

市北村居民，立章树正气。人人爱市北，市北为人人。
规矩大家定，条条都是令。规约人人记，违反要批评。

二、个人品德篇

爱党爱祖国，道德素质高。青年服兵役，守疆保祖国。
学法又用法，权益得保障。琐事让三分，听人不吃亏。
善用互联网，分清是与非。信教须慎重，邪教害自己。
开车不抢先，酒驾很危险。文体娱乐好，生活更美好。

三、家庭美德篇

敬老增福寿，子女懂感恩。夫妻平等处，互敬共勉励。
兄弟姐妹亲，家和万事兴。优生优育好，男女都是宝。
邻里重情谊，互助如兄弟。办事不攀比，实惠又节俭。
窗门水电气，安全要牢记。

四、职业道德篇

诚信心中记，利人更利己。正业谋发展，勤劳同富裕。
耕地禁荒废，科学增收益。义工积极去，公益多参与。

五、社会公德篇

明礼要常记，待人如待己。公物要爱惜，损坏要赔偿。
垃圾不乱丢，环境更美丽。宠物严管理，伤人早处置。
扬善又除恶，勇者是榜样。打击黄赌毒，造福下一代。

六、民主自治篇

村事民来议，心齐泰山移。意见逐级提，不闹有规矩。
建房先审批，违章要拆除。民事村来帮，惠民办实事。

纠纷有调解，省事又免费。你我同追逐，共圆市北梦。

这种顺口溜的形式虽然便于传诵和记忆，但是缺乏系统性、规范性和可操作性。这也是目前乡规民约的作用集中在道德领域方面，但是在解决切实问题方面很难发挥作用的原因。前文提到乡规民约具有双重性质，既是道德规则又是法律规范，在乡规民约中体现了法治和德治的契合点。道德规范重在宣传，因此可以采用便于传诵、记忆的形式制定。但是法律规范强调制度的规范性、具体性和可操作性，因为法律要规范公民的外在行为，过于宏观、笼统的规范会让村民无所适从，进而影响乡规民约的权威。此外，乡规民约的形式过于简单，也难以实现自治、法治和德治的真正融合。乡村"三治融合"实现的基础是乡规民约和国家法的相互融通和良性互动。要实现乡规民约和国家法的良性互动，乡规民约既要在内容上能够弥补国家法因为普遍性和宏观性对农村社会秩序调整的空白，又要在形式上和国家法相匹配。这是有历史经验可循的，我国传统法治的独有特征是"礼法结合"。其实"礼"作为习惯法，早在原始社会末期就出现了，但是"礼法结合"的制度格局却在西周初年形成。因为在夏商时期，"礼"还是比较零散的习惯法，直到西周初年在以周公为核心的统治集团的努力下，"礼"逐渐系统化、制度化。因此西周又被称为"礼治社会"，"礼法结合"的模式也逐渐形成。历史经验告诉我们，两种制度实现契合，形式上一定要匹配。但是，当前乡规民约的形式和国家法相比，在系统性和规范性上还差得很远。

三、乡规民约内容难以适应新农村建设的需要

（一）乡规民约内容同质化严重

因为乡规民约在制定过程中，乡镇政府往往会提供范本给各村。但乡村往往不作任何修改地使用，导致同一乡镇的乡村乡规民约内容高度相似。此外，不同地域的乡规民约结构内容也存在高度的同质化。如内蒙古自治区某村的乡规民约和河北省衡水地区某村的乡规民约，两者都分为"社会治安"

"消防安全""村风民俗""邻里关系""婚姻家庭"五部分，每一部分的内容都高度相似。以"社会治安"为例：

内蒙古自治区某村村规民约

一、社会治安

1. 每个村民都要学法、知法、守法、自觉维护法律尊严，积极同一切违法犯罪行为作斗争。

2. 村民之间应团结友爱，和睦相处，不打架斗殴，不酗酒滋事，严禁侮辱、诽谤他人，严禁造谣惑众、拨弄是非。

3. 自觉维护社会秩序和公共安全，不扰乱公共秩序，不阻碍公务人员执行公务。

4. 严禁偷盗、敲诈、哄抢国家、集体、个人财物，严禁赌博、严禁替罪犯藏匿赃物。

5. 严禁非法生产、运输、储存和买卖爆炸物品；经销烟花、爆竹等易燃易爆物品须经公安机关等有关部门批准。不得私藏枪支弹药，拾得枪支弹药、爆炸物品，要及时上缴公安机关。

6. 爱护公共财产，不得损坏水利、道路交通、供电、通信、生产等公共设施。

7. 严禁非法限制他人人身自由或非法侵犯他人住宅，不准隐匿、毁弃、私拆他人邮件。

8. 严禁私自砍伐国家、集体或他人的林木，严禁损害他人庄稼、瓜果及其他农作物，加强牲畜看管，实施圈养。

9. 认真贯彻落实中央、自治区、市"扫黄打非"行动部署，以净化出版物市场、清除网上有害信息、保护知识产权为工作主线，以查缴政治性非法出版物和清除网上有害信息为首要任务，通过抓好各项重点工作，进一步强化日常监管，扎实有效开展"扫黄打非"专项行动。

河北省某村村规民约

一、社会治安

1. 每个村民都要学法、知法、守法、自觉维护法律尊严，积极同一切违法犯罪行为作斗争。

2. 村民之间应团结友爱，和睦相处，不打架斗殴，不酗酒滋事，严禁侮辱、诽谤他人，严禁造谣惑众、拨弄是非。

3. 自觉维护社会秩序和公共安全，不扰乱公共秩序，不阻碍公务人员执行公务。

4. 严禁偷盗、敲诈、哄抢国家、集体、个人财物，严禁赌博、严禁替罪犯藏匿赃物。

5. 严禁非法生产、运输、储存和买卖爆炸物品；经销烟花、爆竹等易燃易爆物品须经公安机关等有关部门批准。不得私藏枪支弹药，拾得枪支弹药、爆炸物品，要及时上缴公安机关。

6. 爱护公共财产，不得损坏水利、道路交通、供电、通信、生产等公共设施。

7. 严禁非法限制他人人身自由或非法侵犯他人住宅，不准隐匿、毁弃、私拆他人邮件。

8. 严禁私自砍伐国家、集体或他人的林木，严禁损害他人庄稼、瓜果及其他农作物，加强牲畜看管，严禁放浪猪、牛、羊。

9. 对违反上述社会治安条款者，触犯法律法规的，报送司法机关处理。尚未触犯刑律和治安处罚条例的，由村委会批评教育，责令改正。

两者相比，前八条内容完全相同，内蒙古自治区某村的乡规民约仅多了一条"扫黄打非"行动部署，以净化出版物市场、清除网上有害信息、保护知识产权的内容。乡规民约本是乡村内生规则，应当带有鲜明的地域特征。但是相距千里之遥的两个省份的乡村，一个是山区，一个是平原，一个是少数民族聚集地区，一个是汉族地区聚集地区，地理地貌、乡风民俗差异都很大，乡规民约内容如此高度相同，只能说明乡规民约在制定过程中并没有紧密结合乡规乡情，而是流于形式。

（二）乡规民约的内容不完整

首先，乡规民约缺乏对村民权利的规定。权利与义务是法律关系的内容，乡规民约作为软法，也应当具备权利和义务关系。但是从搜集到的乡规民约文本来看，几乎全是从义务本位规定的。出现最多的词"严禁"，要么就是以劝导的方式告诉村民应该做什么，不应该做什么。但是村民享有的权利缺乏明确而规范的规定，这样的乡规民约不但内容不完整，而且缺乏亲和力。同时，乡规民约缺乏惩戒机制。就法律结构而言，乡规民约作为软法也应当具有惩戒措施，只不过这种惩戒措施不是来自国家，而是乡民社会。从政策层面而言，2018年七部委《关于做好村规民约和居民公约工作的指导意见》也指出，乡规民约、居民公约一般还应针对违反的情形，提出相应惩戒措施。就其效力而言，只有具有惩戒措施，乡规民约才能发挥社会治理的作用。但是从52份河北省乡规民约来看，规定有惩戒措施的只有10份。乡规民约的惩戒措施一般包括：批评教育，责令改正；写出检讨书，并在村内通报；责令其恢复原状或作价赔偿；取消享受或暂缓享受集体经济待遇或其他福利待遇，缴纳违约金。从文本分析来看，大部分乡规民约都缺乏惩戒措施，而且惩戒措施和国家法没有太大区别，乡规民约的惩戒措施应当更柔性、更具有地域色彩，而且要体现重在教化不在惩罚，这才符合乡规民约软法的特征。

（三）乡规民约的内容存在违法之处

《村民委员会组织法》第二十七条规定，村民自治章程、村规民约以及村民会议或者村民代表会议的决定不得与宪法、法律、法规和国家的政策相抵触，不得有侵犯村民的人身权利、民主权利和合法财产权利的内容。但是现实中还是有部分乡规民约的实施违反了国家法律的规定。一是私自创设罪名。定罪量刑是对公民和社会组织最重的惩罚，需要司法机关依照《中华人民共和国刑法》来认定，但是河北省石家庄市赵县大安六村出台一纸乡规民约，规定村民彩礼不得超过2万元，如果彩礼超2万元，则按照贩卖妇女和诈骗罪论处。该村党支部书记介绍，这份村规是由党支部、村委会、党员代表、村民代表一起协商出来的。这份村规的出发点,显然是要"倡导婚俗新风"。但是该乡规民约却规定,彩礼超过2万元,则按照贩卖妇女和诈骗罪论处①。《中华人民共和国刑法》中根本没有"贩卖妇女罪",诈骗罪罪名倒是有,但是彩礼超过2万元的行为是否符合诈骗罪的构成,需要经过司法机关的审判,才能最终论定罪名。所以该乡规民约存在着明显的违法之处,村委会僭越了国家司法机构的职权。二是乡规民约的内容侵犯公民的合法权益。2020年12月四川绵阳邓某再婚得子,但在给孩子上户口时,按照当地的乡规民约,再婚人员给孩子上户口,必须缴纳1万元公益金。对于该规定,一位社区干部称:"当年大家想通过收取公益金来控制户籍人口的增加。"但是国务院办公厅《关于解决无户口人员登记户口问题的意见》中明确提出,禁止设立不符合户口登记规定的任何前置条件,切实维护每个公民依法登记户口的合法权益。上述乡规民约中"缴纳1万元公益金"的规定显然与此相悖。控制户籍人口的增加,也许是当时当地迫切需要解决的问题,但解决问题要依法依规②。三是乡规民约违法行使处罚权。人们对乡规民约规定的批评教育、警告、责令改正、不良档案记录、取消相关荣誉评选资格等惩罚措施,一般都能接受,没有反对意见,争议集中在乡规民约能否规定取消村组相关优惠待遇或福利、罚款等惩罚措施上。罚款属于行政处罚的一种,行政处罚的主体有以下三类:有行政处罚权的行政机关;法律、法规授权的组织,但被授权的组织必须具有管理公共事务的职能;行政机关委托的组织。而村民委员会是自治组织,不具有行政处罚权。因此罚款的规定是违法的。取消相关优惠待遇或福利则应当具体问题具体分析,如果是通过乡规民约或者是自治章程规定的只面向自己村民的福利和待遇,那么在村民违约后可以取消;但是如果是国家法律规定面向农村普惠型福利和待遇,则不能随意取消。

---

① "彩礼超两万按贩卖妇女论处",石家庄一个村家家贴着这样的规定[EB/OL].[2018-08-02].https://baijiahao.baidu.com/s?id=1607664887308084058&wfr=spider&for=pc.
② 上户口先交钱 如此村规民约于法无据[EB/OL].[2020-12-17].https://m.gmw.cn/baijia/2020-12/17/1301949748.html.

四、乡规民约执行乏力

（一）乡规民约的内容不具有执行性

如前文所述，很多乡村使用的乡镇政府下发的乡规民约范本，是为了应付检查而制定的，这使得乡规民约虚化为一种纯粹文本。其内容规定普遍泛道德化，如"爱国家、爱集体、跟党走、志不移"。该内容虽然简单易记，但是放之四海而皆准，没有体现对地域经济推动、地域环境维护、地域文化的弘扬，只是一种泛泛的文化口号。这不仅使乡村民约在乡村治理领域的传统威望和公信力变弱，也使乡规民约失去了执行价值。宣传栏的内容也是五花八门，集中了财务公开、乡村党建、法律普及、社会保障、疾病防治等各种各样的信息。这样的宣传千篇一律，很少能让村民停下脚步细心浏览。因此，尽管村民们认为乡规民约对于乡村治理很重要，但是现实中的乡规民约却很难引起乡民们的重视。换句话说，现有的很多乡规民约并不是真正的村民渴望的乡规民约，只是作为放置于宣传栏中的点缀和摆设。

（二）乡规民约缺乏明确健全的执行机制

乡规民约的执行除了村民自觉遵守外，还要靠完备、健全的执行机构作为组织保证。乡村治理实践中，很多乡规民约都成为挂在墙上"景观法"。究其原因，一是没有明确的执行机构。调研过程中发现，乡规民约都是由村"两委"执行，没有专门的执行机构。实践中村"两委"既是制定主体又是执行主体，乡规民约完全掌握在村"两委"手中，极易成为村"两委"以权谋私的工具。如有些村干部不能率先垂范、身体力行、自觉遵守，反而带头违反，更有甚者，对沾亲带故的村民不予追究，姑息迁就。甚至有些村干部和某些黑恶势力结合在一起，借助乡规民约谋求不正当利益[①]。二是缺少常态化的执行程序。古代乡规民约都有严格而隆重的执行程序，堪称乡间大典。根据杨开道先生在《中国乡约制度》中的描述，乡约执行的主要形式是集会。

---

① 陈永蓉，李江红. 乡村振兴战略背景下的村规民约建设路径研究 [M]. 武汉：武汉大学出版社，2019：69.

乡约集会的地点多在当地的公共建筑中，如寺庙、道观、社学、祠堂等，足见乡规民约在乡民心目中的地位。集会时秩序井然，不同身份的人有不同的位次。其具体程序包括：礼拜尊者、诵读乡约、推纠善恶、造册登记。善者的善行记录在善簿上，由直月朗诵；恶者的恶行记录在恶簿上，众人传阅。活动后，乡民可以把酒言欢。这种形式既强化了乡规民约在村民中的权威，又增加了情感交流。反观现在的乡规民约，普遍缺乏规范化、常态化的执行机制，大多置于宣传栏、文化墙上，还有的用村广播宣传，很少有乡村能够做到印发成册，定期宣传。

也有地方乡规民约执行方式过分突出和强化乡规民约的惩罚功能。有些村采用断电断水、上梁扒房，甚至扣押村民等简单粗暴、过激野蛮的方式来执行，导致有些被处罚的村民产生不满和消极的对抗情绪，采取一些报复措施。乡规民约不仅没有达到预期效果，反而引发了社会矛盾。

（三）缺乏执行保障措施

一些地方对违反乡规民约的村民按规定处罚后，违规村民拒不执行处罚决定，有关执行机构便束手无策，缺乏强制执行的终极保障措施，导致乡规民约的强制性和应有的尊严受到损害。这种情况若被更多的人效仿，乡规民约便名存实亡。这成为一些地方乡规民约执行过程中的一大难题。乡规民约的实施事实上主要依靠村"两委"。在执行乡规民约过程中，村"两委"班子团结的执行力相对好些，村两委班子不团结的乡规民约执行不了，还有一些因村民自身素质问题导致乡规民约执行难，如果不能解决这些问题，乡规民约就成了摆设。

五、乡规民约备案和监督机制缺位

首先，村民内部缺乏多元监督主体。课题组在调研中发现，许多乡村只有村委会这个唯一的自治组织，即使有道德评议会等自治组织也往往流于形式。村民传统宗族观念的根深蒂固，自身的法律素养不高，乐于趋利避害的心理，加之很多村民对乡规民约并不了解，致使乡规民约的制定和实施在乡村内部缺乏有效的监督。其次,乡、镇政府的监督形同虚设。按照相关规定,乡规民约应上报乡、镇人民政府备案留存,但是调研过程中发现,很少有乡规民约到乡、镇政府进行备案。即使报请备案,部分乡、镇政府懒政、怠政,也未对村规民约进行实质性审查。最后,村规民约实际制定主体与监督主体混为一谈。村委会是基层群众性自治组织,但是调查发现,部分村委会更类似于隶属乡、镇政府,受其管理,为乡、镇政府伸长手提供便利,乡规民约不是由村委会、村民为主体制定,而是由乡、镇政府代为制定,因此村规民约的制定主体和备案监督主体均为乡、镇政府。这种做法既违背了村民自治、民主管理,更是无法发挥乡、镇政府审查备案的监督作用,造成监督机制缺位,监督权形同虚设。

第五节 乡规民约建设过程中存在问题探源

一、乡村社会流动性增强

首先,从乡村的社会特征来看,中国传统的乡村带有明显宗族性和封闭性。如前文所述,在传统社会中,很多村庄往往都是由一个大家族发展而来,是所谓的聚族成乡。古代乡村与城市是分离状态,乡民人口流动性差,因此古代乡村是在血缘的基础上形成的封闭性的熟人社会。这种社会为乡规民约的发展提供了良好的土壤。一是由于城乡分离,国家的行政权力除了赋税和徭役以及严重的犯罪行为,几乎不涉及乡村秩序,所以乡村治理必须依靠村民自治。二是以血缘为基础的乡村,会很自然地沿袭家族管理模式,大宗族的宗族长就是权威和核心,是乡村的领导者,村民会自动置于其领导之下。比如小说《白鹿原》中的白嘉轩,作为大姓的族长,掌握着原上族人的生杀大权。三是封闭性的乡村使人们的风俗习惯、价值观念和共同利益都高度一致,彼此之间容易达成默契,形成固定的规约信条。四是在一个相对封闭和稳定的熟人社会,乡规民约具有至高无上的权威和震慑力。梁治平在《清代习惯法：社会与国家》中指出，"习惯法乃是所谓的小传统。它们是更接近字面意义上的地方知识"，"它们构成这一或那一小社会秩序。生活在这样小社会中的人自小就熟悉它，眼见它被实施，也参与对它的改造"[①]。和国家法不同，国家法是自上而下实施，需要村民去适应；而乡规民约则是"乡民一开始就加入根据习惯法来安排生活的过程之中，并不只是事后才去适用习惯法"[②]。就像古希腊人一生都离不开城邦，认为城邦就是一切一样，乡民也是将乡规民约奉为行为准则和信条。封闭的熟人社会也使乡规民约的惩戒措施具有比国家法还强的震慑力。古代乡规民约的惩戒措施有批评教育、记录恶行（书籍）、罚戏、罚酒、罚银，最严重的送官，虽然没有国家刑罚严厉，但是在乡村社会却有着比国家法还强的震慑力。乡规民约的约束力来自"公众舆论"。乡民们世代毗邻而居，有着盘根错节的亲缘关系，彼此都比较了解，"诚信"是乡民的立身之本，违背乡规民约就意味着失去了诚信，会被乡村社会排斥，这比遭受国家刑罚还厉害。正如杨开道先生所言，为国家刑罚处罚，"落网的人还可以自宽自解，欺人骗人，说自己冤枉，官吏贪污，仿佛殉道的志士，取得社会的同情。鄂史纪恶，祖考在上，父兄在旁，子孙在下，众口共举，众目共斥，这种道德的羞辱，这种社会的羞辱，到哪里去躲，到哪里去洗"。因此传统乡规民约虽然没有皇权加持，但是其权威比国家法还要高。

当代乡村的社会结构发生了很大的变化，地缘特点更明显，血缘关系被冲淡。家族长更是作为封建残余在新中国成立之初就被废除了。新中国成立后，乡村实施村民自治，由村民自己选出村委会，但是村委会更像是基层行政管理的延伸，一言一行都在乡、镇的行政管理下进行，村民自治的空间很小。"当下的村民自治制度只具备形式上的存在，却未能真正转化成农民自主政治行为。"[③] 究其原因，一是乡村人口流动性增强，传统情感纽带松弛，价值日益多元化。国家统计局数据显示，截至2020年，农民工达到28560

---

① 梁治平.清代习惯法：社会与国家[M].北京：中国政法大学出版社，1996：162.
② 梁治平.清代习惯法：社会与国家[M].北京：中国政法大学出版社，1996：163.
③ 金根.传统乡规民约的价值、经验和启示[J].中国农业大学学报（社会科学版），2014（4）：87.

万人，其中，外出农民工 16959 万人，本地农民工 11601 万人，在外出农民工中，年末在城镇居住的进城农民工 13101 万人[①]。越来越多的农村青壮年不再足不出户、聚族而居，而是转到非农产业工作。这使得建立在血缘亲情上的伦理道德和价值观念被弱化，代之的是契约、法律等诸多理性的要素。费孝通先生在《乡土中国》中说："血缘是身份社会的基础，而地缘却是契约社会的基础。契约是指陌生人中所做的约定，在订立契约时，个人有选择的自由，在契约进行中，一方面有信用，一方面有法律。法律需要一个统一的权力去支持。契约的完成是权利义务的清算，需要精密的计算、确当的单位、可靠的媒介。在这里是冷静地考虑，不是感情，于是理性支配着人们的活动——这一切是现代社会的特性，也是乡土社会所缺的。"[②] 随着农村封闭性被打破，市场经济下的自由、平等、民主、法治观念随着人口的流动传入乡村，村民们的开放意识、平等意识、自我意识、竞争意识、权利意识明显加强，不断运用理性思维进行利益权衡，市场经济中确立的契约规则取代以往的习俗规范。流动中的村民倾向于接受统一的规则支配，发生纠纷时，村民在国家法律和乡规民约中进行精妙的利益权衡和博弈，选择对自己更加有利的规则。二是乡村的封闭性被打破，使得乡村公众舆论监督机制的震慑力减弱。公众舆论之所以能够成为乡村治理重要的控制手段，实际上是有一种"面子"观念在起作用。人类学家 Martin C. Yang（杨懋春）在对山东地区一个村庄进行田野考察时，对影响"面子"的因素进行了分析。他认为面子是个人心理的满足，他人所给予之社会的尊敬，作为能够左右乡民日常行为的一项变量，"面子的得失"与这样一些因素有关：①有关人之间社会或其他方面之平等地位；②两人社会地位不平等；③见证人在场；④一定范围之社会关系；⑤社会价值或社会制裁；⑥有关社会声誉之自我意识；⑦年龄；⑧个人感受力。[③]

其中③和④的影响都是基于传统乡村社会的封闭性和稳定性。正是因为

---

① 2020 年农民工监测调查报告 [EB/OL].[2021-04-30]. http://www.stats.gov.cn/xxgk/sjfb/zxfb 2020/202104/t20210430_1816937.html.
② 费孝通. 乡土中国 [M]. 北京：商务印书馆，2019：78.
③ 梁治平. 清代习惯法：社会与国家 [M]. 北京：中国政法大学出版社，1996：156-157.

大家世世代代都生活在一起，低头不见抬头见，面子就显得特别重要，一旦丢失了面子，不仅个人名誉扫地，甚至会使整个家族都蒙羞。Martin C. Yang 同时又指出，公众的存在在一定范围内有意义，一旦超出此范围，公众的影响即告消失，"面子"的观念不再起作用。他还举例，一个在其家乡循规蹈矩的农民，在一个大城市中可以有截然不同的行为举止。当乡村的封闭性被打破，越来越多的农民流向城镇。村庄常住人口减少，出现了"空心村"，"面子"就越来越不重要了，在乡村里犯了错，转身就可以到一个完全陌生的城镇重新开始。当"面子"在乡村变得越来越不重要时，乡规民约基于公众舆论的约束力也就越来越弱了。

二、乡村的经济基础发生了转变

传统乡规民约的实施对象是生活在农耕社会的村民，吃穿用住都由家庭生产，村民很少走出村庄的边界范围。乡规民约的执行边界和村庄的边界是重叠的，即自然形成的村落。由于传统小农生产的脆弱性，通过血缘、地缘为纽带的家族内部的互助合作，可以降低风险。因此，村民对家族与宗族有较强的依赖性，乡规民约的约束力也较强。因为在自给自足的自然经济下，一旦没有了宗族的庇护，个人承受风险的能力很弱，如果经济上陷入困顿，没有家族的救助，其生存都会成问题。改革开放后，农村实行家庭联产承包责任制，在使农民获得越来越多的自主权的同时也解决了绝大多数农民就业与生存问题，但是家庭联产承包责任制也打破了原有的血缘关系，引入了市场经济刺激了乡镇企业的发展，使农村的经济形态日益多元。在市场经济的推动下，以实现劳动力、土地等资源优化配置为目的，农村人财务各项资源流动加速，打破了原有的封装性，传统乡规民约赖以存在的血缘基础被打破，人与人的权利义务更多通过契约形成。市场经济是和法治相伴而行的，但是发展市场经济所需要的规范更多地存在于国家法中，比如民法、经济法、商法等。作为软法的乡规民约却没有及时实现这一转变，没有为乡村经济发展、产业振兴提供有效的支撑，以至于现在乡村治理把乡规民约主要定义在文化宣传层面上，乡规民约务实的一面并没有显现出来。

三、基层党组织建设薄弱

"党政军民学,东西南北中,党是领导一切的。"乡村治理自然也是在党的领导下进行的。2021年党中央一号文件指出,要把乡村建设摆在社会主义现代化建设的重要位置,全面推进乡村产业、人才、文化、生态、组织振兴,充分发挥农业产品供给、生态屏障、文化传承等功能,走中国特色社会主义乡村振兴道路。基层党委是乡村治理的领导核心,通过与村民委员会联合制定乡规民约,以相互监督、分权制衡的方式实现党员干部和群众的自我约束和自我管理。党员干部应当在乡规民约制定、宣传、执行的全过程中起到示范引领作用。但是在调研中却发现基层党建存在诸多问题,一是党组织老龄化现象严重,平均年龄都在50周岁以上,缺乏有理想、有信念、愿意为村民服务、年轻有为的人。镇党委和政府、村党组织和村民委员会是当前乡村治理的主要力量,乡村治理绝非简单地处理每天发生的一般性社会事务,在实施新型城镇化战略、乡村振兴战略和乡村社会发展变迁过程中,乡村治理内涵逐渐丰富、治理边界逐渐拓展,传统的治理理念已无法较好地指导乡村治理活动,这就要求农村的带头人在乡村治理上具备较强的创新思想和创新思维。党员队伍老龄化严重,相当一部分人受当时时代的影响,文化水平也不高,对党和国家的政策、法规理解不到位,缺乏革故鼎新、锐意进取的精神。青年村民入党积极性很高,但是基层党员名额有限,导致基层党建无法及时补充"新鲜血液"。有的村镇为了解决老龄化问题,改善党员年龄结构,只吸收35周岁以下的青年入党。这种做法是违法的,可也实属无奈之举。二是党员活动流于形式,"三会一课"制度是党的组织生活的基本制度,是党的基层支部应该长期坚持的重要制度,但实际落实效果不好,党员活动流于形式的现象很普遍。比如有"5分钟散会"的,党组织负责人将学习材料或者文件快速念一念之后,三言两语作一下点评就散会。这体现了基层党组织党性和政治修养还是不够,不能将党的指导方针与农民的生活联系起来,内容解读得"不接地气",村民看不懂也不愿意看。还存在弄虚作假的现象,即出现开一次会拍十张照片,分十次发。这种形式可以说是基层党组织"自毁长城",会大大降低基层党组织在村民中的权威和向心力,更不用说带领村民制定切实有效的乡规民约了。还有一种情况是，党员活动进行了，时间也不短，但是内容跑偏了。比如把党会变成了拉家常茶话会，村民在党建会上以闲聊和叙家常为主要内容，与党建内容完全脱离，本质上是家常会[①]。习近平总书记高度重视基层党组织的建设，曾指出"打造千千万万个坚强的农村基层党组织，提供源源不断的动力"。基层党组织软弱涣散，乡村振兴就会举步维艰，乡规民约的制定也会因为缺乏核心领导而流于形式。

四、新乡贤阶层流失严重

前文提到，传统乡村中的乡贤阶层是乡规民约制定和实施的中坚力量。中国古代"皇权不下县"，加之乡村地域辽阔，农民居住相当分散，村庄之间相互隔绝，国家权力在乡村治理方面始终是有限的，只能委托乡贤阶层对基层社会进行直接的管理和控制。但是乡贤阶层毕竟不是国家管理阶层，不掌握行政管理权，只能通过已经被乡民广泛认可的风俗习惯、伦理道德以及在此基础上形成的舆论监督机制来进行治理。为了实现更加有效的乡村治理，乡贤阶层首倡将风俗习惯、伦理道德形成文化，并成为其治理乡村的主要制度依据，这就是乡规民约。所以乡贤阶层成为乡规民约制定和发展的最直接的推动力量，并在漫长的乡治发展过程中形成了乡贤文化。当代中国乡村的社会结构已经发生了巨大的变化，但是乡贤文化的内生土壤还在，这就是千百年来乡村形成的具有地域性的乡村文化共识与行为共识，这种共识是乡贤文化的原生地。乡贤文化源自乡土、根植乡土，最终的目的也是服务乡土。尽管现在农村人口流动性增强，但是人们的乡土情结依然在，亲乡情怀尚存[②]，因此乡贤文化对于当代的乡村建设具有划时代的借鉴意义。国家"十三五"规划纲要将乡贤文化作为优秀传统文化的重要组成部分，"具有见贤思齐、崇德向善、诚信友善等特点"。在乡村振兴战略推进过程中，我们应当注重发挥新乡贤的作用。新乡贤阶层既是优秀传统文化的守护者，又是社会主义核心价值观的践行者。这个阶

---

① 如何避免农村党建活动流于形式[EB/OL].[2020-11-18].https://www.sohu.com/a/432690568_120940237.

② 陈瑾.正确认识乡贤文化[N].甘肃日报，2019-04-17（10）.

层在村民当中既是道德的标杆，又是法治的权威。其一言一行在村民当中能够起到引领和示范作用。通过发挥新乡贤在乡规民约再造、重建、实施和转化中的作用，不断赋予乡规民约新的时代内涵，使乡规民约与时俱进，更好地发挥乡规民约在乡村治理中的重要作用，有助于建立起德治与法治相结合的乡村社会治理模式[①]。但是当代乡村新乡贤阶层发展还很不成熟，虽然很多乡村建立了乡贤议事会，但是这个组织主要是调解纠纷，在乡规民约制定和乡村社会综合治理方面并没有发挥切实有效的作用。最重要的是乡村"空心化"严重，直接影响了乡贤阶层的发展。随着乡村封闭性被打破、户籍制度的松动，越来越多的农村优秀人才流向城市。一方面是因为城市确实能够提供更多的就业机会、更高的发展平台、更完善的公共服务、更丰富优质的生活元素。另一方面是因为乡村经济发展总体不足、人才成长空间有限以及公共服务保障缺失等，缺乏有效激励因素诱使更多外部人才逆向流入乡村。乡村精英的外流使得乡规民约的制定和执行缺乏中坚力量，正如党晓虹在《传统乡规民约的历史反思及其当代启示》中指出，乡村精英（构成新乡贤的主体）走出农村流向城市，他们的外流不但造成了村庄精英资源的流失和经济发展的停滞，也使得村民自治制度的发展受到明显的钳制。

五、乡规民约的发展缺乏顶层设计

乡规民约的产生和国家没有必然的联系，但其在发展过程中却离不开国家的承认和保护。比如清代民间规约中的"永佃"制度就是因为国家法的支持而得以迅速发展。当代乡规民约在宪法和法律中都有规定。《宪法》第二十四条规定，在城乡不同范围的群众中制定和执行各种守则、公约，加强社会主义精神文明的建设，以根本法的形式承认了乡规民约的合法性。《村民委员会组织法》第十条规定，村委会及其成员应当遵守并组织实施村民自治章程、村规民约。但是内容比较缺乏可操作的依据。具体表现为：

第一，乡规民约的含义、性质在法律层面尚属空白。"乡规民约"是一

[①] 庞超，赵欢春. 推动新乡贤文化建设与乡村治理有机融合[N]. 经济日报，2020-12-09（11）.

个历史概念，并非立法概念。无论是宪法和法律都没有对当代乡规民约的内涵进行清楚的界定，甚至连其称谓都不统一。究竟何为乡规民约，它又属于何种性质的法律，学界有习惯法、民间法、民间规则、社会规范等多种理论。众说纷纭，使得乡规民约在国家治理体系中始终是一个模糊的概念，处于一种不确定的状态。

第二，缺乏乡规民约的调整范畴的规定。当代农村与古代不同，古代国家法律除了徭役、赋税和严重的犯罪以外，很少干涉乡民的生活秩序。所以乡规民约是乡村治理的主要社会规范，无须国家从立法上规定。但是当代法治背景不同了，国家法律占据绝对的主导地位，并且深入农村的各个方面。乡规民约的生存空间严重收缩。这种情形下，重塑乡规民约需要国家立法层面的扶植。

第三，缺少对乡规民约法律渊源的规定。我国现有的立法渊源包括宪法、法律、行政法规、地方性法规和规章，并没有乡规民约。《民法典》第十条规定处理民事纠纷，应当依照法律；法律没有规定的，可以适用习惯，但是不得违背公序良俗。这一规定被普遍认为将习惯纳入了法律的渊源，但是习惯并不等同于乡规民约。立法上的空白使得乡规民约无法作为法律审判的依据，其效力也被虚化。古代司法制度是承认乡规民约法律效力的，地方官判案多兼顾乡规民约和当地风俗。梁治平在《清代习惯法：社会与国家》中"习惯法与国家法"一章中提到，在一些因为讨要"脱业钱""画字钱"的纠纷中，往往根据俗例作出判决，如"系俗例"，已给则"免其着追"，未给则"无庸追给"。[①] 将乡规民约纳入司法判决的依据之列，通过司法实践锻造使其不断规范化和制度化，这是乡规民约重塑的必经途径。同时，也能促进乡规民约和国家法的统合，共同构建乡村和谐的法治体系。

综上，尽管国家大力提倡乡规民约建设，出台了为数不少的法律法规，但是在中国特色社会主义制度下乡规民约应当具备怎样的内涵和外延，乡规民约如何实施，由谁实施，和国家法怎样衔接，在宪法和法律层面上几近空白。这使得乡规民约在公众心目中只是一个模糊的道德符号，和风俗习惯混

---

① 梁治平. 清代习惯法：社会与国家 [M]. 北京：中国政法大学出版社，1996：133.

淆在一起，其成文化也往往以标语、顺口溜等极不规范的形式出现在乡村文化墙上、宣传栏里。

六、村民民主法治意识薄弱

（一）村民民主意识薄弱

我国村民自治始于 20 世纪 80 年代初，并在 80 年代中后期伴随着人民公社体制的解体而迅速普及。党的十一届三中全会以后，村民自治成为与包产到户、乡镇企业并列的农村改革三大成果之一。1982 年，宪法第一次确认了村民自治制度的法律地位。1987 年 11 月 24 日，第六届全国人大常委会第二十三次会议审议通过了《村委会组织法（试行）》，1998 年通过《村民委员会组织法》。《村民委员会组织法》明确规定村民委员会是村民自我管理、自我教育、自我服务的基层群众性自治组织，实行民主选举、民主决策、民主管理、民主监督。但是不可否认的是，相当一部分村民缺乏对民主的深刻理解和热切渴求，除了自身受到特别不公平的待遇而进行本能反抗的过程中能够偶尔体现民主性，在大多数情况下，很难体现村民参与民主管理的热情和民主自治的能力。一方面，由于历史上小农经济的影响，农民的思维具有保守性，"二亩地，一头牛，老婆孩子热炕头"就是其追求的理想生活，因此他们对土地以外的事情是漠不关心的态度，他们习惯于顺从统治者的权威，缺乏民主自治的观念。另一方面，中国民主思想的基础十分薄弱。两千多年封建专制统治，使大多数农民严重缺乏民主思想渊源。皇权至高无上，皇帝终身世袭；官吏由皇帝行政任命而非民主选举产生；思想多以禁锢政策为主，出现了焚书坑儒、"罢黜百家，独尊儒术"等历史事件。五四运动后，"民主""科学"思想传入我国，但是又为反动统治者所镇压。新中国成立后，人民当家作主，民主才有了发展的历史条件，但是受长期的专制统治的影响，民主思想及民主实践发展缓慢。这种状况在农民群体中表现得极为突出，也必然影响到乡规民约的建设。主要体现在农民对乡规民约的民主实质认识不够，对乡规民约和自身权利保护、村干部权力的约束和农村建设之间的关系认识不清，导致农民参与制定、实施乡规民约的积极性不高，遵守乡规民约的主动性不强。

（二）村民法治意识薄弱

虽然在20世纪90年代，党和国家就提出了"依法治国"，在农村地区也进行了广泛的普法活动，但是农民的法治观念依然淡薄，法律意识普遍比较低。学者刘金海依据华中师范大学中国农村研究院"百村十年"观察系统，专门就现阶段农民法律意识问题，在全国范围内选择了269个行政村的3675位农民进行了问卷调查。调查活动分为三个方面展开：一是当前农民对法律公平性的认识；二是法律能否保障农民的合法权益；三是农民能否自觉遵纪守法[1]。

对于第一个问题，刘金海课题组通过问卷整理，发现绝大多数农民认为当前我国的法律是公正的。参加问卷的3675名村民中，有2700名村民认为法律还是非常公正的或者比较公正的，占全部村民的73.5%。然而，仍有8.5%的农民认为法律不太公正或很不公正，有18.0%的农民持模糊态度（见表4-2）。

表4-2 法律公正性调查结果

对法律公正性的看法	人数	占比/%	组合占比/%
非常公正	644	17.5	73.5
比较公正	2056	56.0	
一般	660	18.0	18.0
不太公正	261	7.1	8.5
很不公正	54	1.4	

第二个问题的问卷整理显示，53.14%农民仍然认为法律能够保障他们的自身权益，只有12.10%的农民认为法律不能保障其自身权益；但是34.76%的农民对法律不甚了解或未遇到相关法律事件，而表示说不清法律究竟能否保障其自身权益，这个比例不算小（见表4-3）。

---

[1] 刘金海. 现阶段农民法律意识的调查研究——基于269个村3675个农民的问卷分析[J]. 华中农业大学学报（社会科学版），2015（1）：68-74.

表 4-3　农民权益的法律保障调查结果

对"法律能够保护农民权益吗？"的回答	人数	占比 /%
能	1949	53.14
不能	444	12.10
说不清楚	1275	34.76

刘金海认为农民对这一个问题说不清楚，不一定是一件坏事。因为农民对法律的认识非常直接，只有在自己的权益受到损害，需要适用法律时，才会关注法律的公正性。如果自身的权益没有受损，或者说没有发生法律纠纷，他们不会特别关注法律的公正性，也就无法对法律的权益保障功能作出价值评判。从这个角度看，农民对法律观念的评价还是比较严谨的，并不总是凭偏好表达自己的观点，而是一切以事实为依据，倾向于以自己的切身经验作为评价法律的前提和基础。但是这确实暴露出农民对法律认识的局限性，因为即使没有经历过法律纠纷和诉讼，在这么多年依法治国和送法下乡的努力下，农民对法律的功能和价值也应当有所认识，但是30%多的农民对这个问题不清楚，只能说明这么多年的普法教育并没有真正深入农村。关于农村法制教育的问题，在张广修等著的《村规民约论》中也有论述，其中提到农村教育方式陈旧，缺乏创新；教育内容不生动，不实用，教育方法缺乏吸引力；教育目标模糊，缺乏针对性；教育制度不健全，缺乏落实措施[1]。就普法活动而言，普法下乡往往是在国家新法出台后，进行宣传的一项政治任务，多以发放宣传册的形式进行。但是普法活动很少经过调查，考虑农民需要哪些法律，通过哪些形式更容易让农民接受。如果宣传的内容不适应农民实际生活的需要，教育方法缺乏吸引力，加之村民对法律专业知识理解有限，那么普法活动很难深入人心。

第三个问题从调研情况来看，农民对自身的守法认识还是比较肯定的。半数农民表示现阶段农村群众一般都是遵纪守法的，33.0%的农民认识虽然不是很明确，但是他们有一个朴素的认识，即农民大部分还是比较规矩的，只有10.9%的、农民认为其守法意识比较差。（见表4-4）。

---

[1] 张广修，张景峰.村规民约论[M].武汉：武汉大学出版社，2002：155-156.

表 4-4　农民守法意识调查结果

对"农民是遵纪守法的吗？"问题的回答	人数	占比 /%
是的	1950	53.0
差不多	1215	33.0
不是的	402	10.9
不清楚	113	3.1
合计	3680	100.0

从刘金海课题组调研和分析的结果来看，绝大多数农民认为当前我国的法律是公正的，大部分农民认为法律能够保障他们的自身权益，而且绝大多数农民都认为，他们基本上能够做到遵纪守法。从这个角度来看，现阶段我国农民的法律意识取得了很大的进步，但是对法律还缺乏深入的认识，或者说主动学习法律的动力依然不足。因此在制定乡规民约过程中，不可避免地会出现一些违法现象，比如乡规民约制定主体不合法，乡规民约的内容违法，而且出现违法现象后，村民并不自知，也就是说村民法律意识的薄弱使得乡规民约缺少了公众监督。

第五章　完善乡规民约的对策思考

第一节　加强基层党组织建设

当代乡规民约是在党的领导下社会主义法治体系的一部分，是我们党创新基层治理的重要抓手。习近平总书记强调："无论农村社会结构如何变化，无论各类经济社会组织如何发育成长，农村基层党组织的领导地位不能动摇、战斗堡垒作用不能削弱。"因此乡规民约建设首先应当形成一支高素质的基层党员队伍。具体包括以下几个方面：

一、优化基层党员队伍，完善基层党建政策体系

在实施乡村振兴战略、推进乡村治理进程中，人才的作用仍然是不可替代的。乡村基层组织特别是村"两委"领导班子，是实行村民自治的领导力量，发挥着战斗堡垒作用。2020年《中共中央 国务院关于加强基层治理体系和治理能力现代化建设的意见》中指出，加强党的基层组织建设，健全基层治理党的领导体制，把抓基层、打基础作为长远之计和固本之举，把基层党组织建设成为领导基层治理的坚强战斗堡垒，使党建引领基层治理的作用得到强化和巩固。鉴于农村党组织老龄化严重的普遍现象，当地政府一方面要坚持"持续向贫困村、软弱涣散村、集体经济薄弱村派驻第一书记"，另一方面要积极发展优秀青年党员，将懂农业、爱农村、爱农民，具有亲情思维、乡土气息、扎根基层的"三农"精英人才充实到基层党员队伍中来[①]。要善于

---
① 谭志喜．以乡村振兴的纵深推进巩固脱贫成果[N]．湖北日报，2020-08-14（07）．

利用党和国家的优惠政策，把优秀农村青壮年劳动力留在家乡，把从农村走出来的大学生吸引回到乡村，为促进乡村振兴提供强大而持续的内生动力。

完善的制度是基层党组织依法履职、充分发挥作用的平台，有了完善的制度作依托，党建引领才有抓手。习近平总书记指出，改革开放以来，我们党开始以全新的角度思考国家治理体系问题，强调领导制度、组织制度问题更带有根本性、全局性、稳定性和长期性。创新社会治理要求完善基层党建政策体系，引领社会治理制度保障创新。除了党建自身的制度外，还要完善相关的法律制度，实现依法治党。通过建立建全相关法律制度，将基层党组织的领导纳入法律的范畴，通过立法明确基层党组织的领导地位，社会基层自治组织要自觉接受同级党组织的领导；明确基层党组织的责任，以及履行责任的方式。通过立法落实民主集中制，在广泛征求群众意见的基础上，确保基层党组织的决策者和主导者的地位。

二、探索党建引领基层治理创新机制

农村党组织作为联系农民群众的桥梁和纽带，作为落实党的农村工作任务的基层战斗堡垒，作为农村基层组织中的领导核心，是党在乡村开展各方面工作的组织基础和中坚力量。在乡村治理中，尤其需要坚持党建引领。《中共中央 国务院关于加强基层治理体系和治理能力现代化建设的意见》中也指出，党建引领在基层治理方面应当重点从以下几个方面着手：第一，加强党的基层组织建设，健全基层治理党的领导体制。从深度与广度两个扩大党的工作覆盖和推进从严治党，积极推行村（社区）党组织书记通过法定程序担任村（居）民委员会主任、村（社区）"两委"班子成员交叉任职。从制度上保障党组织的全覆盖，巩固党在基层的组织基础。第二，构建党的领导、党政统筹的基层管理制度。针对基层治理任务重而治理资源不足的问题，中央强调把人力、物力、财力向基层倾斜，向基层赋权增能，提高基层治理能力和水平。也就是说，必须实现党领导下的基层治理责任和权力相统一。第三，坚持党建带群建，完善党建引领的社会参与制度。群团组织和社会组织是基层治理的重要力量，要在系统治理、共建共治共享的理念下，统筹基层党组织和群团组织资源配置。同时，也要支持群团组织承担公共服务职能，支持党组织健全，管理规范的社会组织优先承接政府转移职能和服务项目，形成基层治理的合力。

各地在该意见的指引下，开展了极具特色的地域创新实践活动。比如河北省定兴县创制了一系列"党建+"模式。按照"网格党建、精准治理、下沉服务"思路，建立党建网格治理、多元矛盾化解、治安安全防控、德治教化引领、智能支撑保障"五大体系"。全县274个村科学划分1760个网格，招募8289名网格员，实行"一村多格""一格多员"，构建起"支部在网格、党员在身边、服务不缺位"的组织体系。①

三、健全村党支部考核机制

只有不断推动全面从严治党向基层延伸，同时打通基层监察监督"最后一公里"，持续整治群众身边的不正之风和腐败问题，才能推动实现基层治理现代化。坚持党建引领，强化全面从严治党，还需要持续整顿软弱涣散基层党组织，克服基层党建工作运行不规范、工作随意性大、整体质量不高等问题。因此需要完善对村党支部的考核评价机制。

首先，建立村党支部考核机制。考核内容包括评估村书记和村"两委"班子履职情况，可通过建立权力清单、责任清单、负面清单等制度进行；对普通党员工作业绩进行评估，可从身份认同、思想和行为表现等方面进行。考核机制应当融入乡村振兴考核体系中去，突出"干什么、考什么"；结合"工作实际制定村干部履职项目清单，推行项目化管理，让村干部"干什么"项目化、清单化、可量化、可考评，把党建工作、村集体经济增收、村级产业项目发展、美丽乡村建设等作为基层党组织公开考核村干部的重要内容"②。

在对乡村党支部工作考核的同时，还需要强化考核结果的运用。要健全

---

① 张祝涛. 河北省定兴县：党建引领基层治理新途径 [EB/OL].[2020-10-13]. https://article.xuexi.cn/articles/index.html?art_id=12071515840882766536&item_id.
② 许露露，清组. 广东省清远市出台村干部队伍建设规划 [N]. 乡村干部报，2021-07-16（01）.

奖励激励机制。发挥职务与职级晋升和物质激励作用，全面实施机关公务员职务与职级并行制度，通过完善政绩考核评价体系和奖惩机制，科学设置考评办法，建立健全干部考核档案，完善考核考察制度，落实奖惩措施，让广大干部增强责任感和危机感，最大限度地激发干部干事创业内在动力。基层党员干部也应当在考评机制中设立激励制度。对考核优秀的乡村干部，应该提拔重用，或给予必要的物质和精神奖励；对于工作懈怠、拖拉、不负责任、存在劣迹、考核不合格的乡村干部，可根据具体情况，通过给予诫勉谈话、警告、限期改正、转岗或纪律处分等方式，进行组织处理。如安徽省天长市在对村级小微权力进行监督的同时，还建立了村干部善治行为褒扬激励机制，并探索出了"责任清单+积分"的管理模式，即"建立村干部积分制管理办法，对村干部个人履行权力清单和责任清单情况进行量化评分，最终所得积分与村干部薪酬待遇和绩效挂钩"[①]。

第二节 积极培育乡贤组织

随着我国城镇化的高速发展，农村精英大量外流，导致农村自治群众基础薄弱。留守村民文化素质不高。积极培育"新乡贤"阶层，成为加强农村民主自治的重要内容。培养"新乡贤"阶层是指培养一个具有乡村话语权的阶层，使乡村自治主体素质整体提升，促进乡村民主建设。

一、新乡贤在乡村治理中的作用

新乡贤阶层主要包括道德模范、社会贤达，也包括以自己的知识或者财富振兴乡村经济的优秀人物。他们既是优秀传统文化的传承者，又是新时代社会主义核心价值观在农村的践行者，也是法治在农村的引领者。新乡贤参与乡规民约制定和实施，不断地赋予乡规民约新的时代内涵，使乡规民约与

---

① 安徽天长："清单+积分"将村级小微权力关进笼子[EB/OL].[2019-07-03]. http://www.xin huanet.com/2019-07/03/c_1124704510.htm.

时俱进；同时乡贤的榜样示范效应，能够唤起乡民对乡规民约的认同感和归属感，树立乡规民约的权威。

（一）及时解决基层矛盾纠纷

当代农村的新乡贤阶层都是乡村的精英，包括政治精英、经济精英和社会精英。政治精英由村支部书记、村委会主任和积极参加乡村公共管理的"能人"组成，经济精英由社区范围内私营企业主和集体企业的创办者和管理者组成，社会精英则是由那些人品、知识、经验、背景等方面具有优势的成员组成[1]。他们了解村规民约和当地风土人情，有着其他社会群体所不具有的良好人际关系网络。当乡村发生各种矛盾和纠纷时，"新乡贤"能够凭借自身良好的道德素养、丰富的社会知识和很高的社会威望，及时地解决社会矛盾，做到矛盾不上交。进行党的政策宣讲和各类普法活动。乡贤评理员牵头建立了四十余个平安示范大院，组建了维护治安的群众巡逻队。不仅有效的化解了村民的矛盾纠纷，也夯实了平安建设的基层，实现了基层社会治理的和谐稳定。[2]

（二）涵养文明乡风

乡贤文化是中华优秀传统文化，历史上乡村修桥铺路、捐资助学、崇尚孝道、传习技艺都有乡贤这个阶层的参与。他们身上所体现出来的崇高的道德素养可以教化乡民、泽被乡里，由此形成一种源远流长的文化。当代新农村建设，激活乡贤文化资源，培育新乡贤文化，使得优秀传统文化不断延续、新时期的文明风尚得以发扬，是乡村德治的内生动力。新乡贤阶层在教化乡民、净化乡村风气、引领文明风尚、涵养文明乡风方面具有重要意义。如上文所述重庆市永川区的乡贤评理员，德高望重、为人楷模，是言传身教的标杆、道德引领的榜样。74岁的吕祥杰是老店子大院的乡贤评理员，他是卫星湖街道农机站的退休职工，在以德服人、传承家风方面具有很高的声望。他在家庭团拜会上宣讲、在家族清明会上传播、在村社党员会上动员，用家规

---

[1] 胡杨.中国农村精英研究的问题及其整合 [J].河南社会科学，2006（1）：11-15.
[2] 重庆市永川区："乡贤评理堂"构建乡村善治新格局 [EB/OL].[2018-12-03].http://unn.people.com.cn/n1/2018/1203/c14717-30439757.html.

家训传承和美家风、以孝老爱亲彰显人性美德、让崇德尚法带动公序良俗。石板古道、黄桷老树，作为老店子的根，见证了三百多年的沧桑风雨；忠孝礼义、乡贤评理，作为老店子的魂，夯实了乡村振兴的法礼基石。"家风更和美、民风更淳朴、乡风更文明"已成为永川区乡贤评理堂的目标追求[①]。

（三）引领乡村民主法治建设，完善乡规民约

明确乡贤评理员的评选条件和评选程序。乡贤评理员一定要在基层党组织的领导下，由群众推选，乡贤评理员既要具有一定的法律知识和法治思维，又要有良好的道德品质和群众威望，能够和村民坐得下板凳，拉得上家常，在村民自治中是中坚力量。新乡贤阶层在乡规民约的制定过程中起着重要的作用，他们能够利用自身的影响力将国家法规政策融入乡规民约中去，打破国家法律在乡村的壁垒，也能使乡规民约的建设更加规范。

二、新乡贤组织的培育路径

强化党的建设是前提。一方面，坚持党建为本，以高质量党建引领文化振兴，通过将党的领导贯穿新乡贤文化工作全过程，确保其在基层党组织的指导下培育发展、深入推进。另一方面，坚持以群众为主体、以需求为导向，通过打造富有地域和时代特色的新乡贤文化品牌，凝聚发展动能、汇聚治理合力，使其服务于乡村振兴伟大实践，不断满足人民群众对美好生活的需要。

第二，拓展宣传途径。通过创新宣传形式，培养乡贤文化，为新乡贤阶层的发展状大创造良好的社会环境。宣传方式上要融通俗化、大众化和数字化手段一体。既要传承优秀传统文化，又要发挥社会主义核心价值观的社会引领作用。从而使乡贤文化成为乡村治理的思想基础，在其指导下制定乡规民约，增加村民对其的认同感和归属感。

第三，构建基层党支部引领、村民自治、新乡贤参与的社会治理新模式。融合新乡贤的力量，结合当地实际情况组建乡贤议事会，志愿者工作站，调

---

① 重庆市永川区："乡贤评理堂"构建乡村善治新格局 [EB/OL]. [2018-12-03]. http://unn.people.com.cn/n1/2018/1203/c14717-30439757.html.

解委员会等。充分发挥新乡贤在公共事务管理矛盾纠纷解决、构建自治、法治、德治"三治融合"中的重要作用，形成乡村治理"社会共治"的格局。

第三节 加强国家立法对乡规民约的扶持

乡规民约虽然是村域内的社会规范，但是其制定及完善却并非一村一镇所能完成。它是一个系统的工程，需要中央立法顶层设计、地方立法的大力支持和村民共同参与，三方合力才能完成。

一、正确认识乡规民约与国家法的关系

《村民委员会组织法》第二十七条规定，村民自治章程、村规民约以及村民会议或者村民代表会议的决定不得与宪法、法律、法规和国家的政策相抵触，不得有侵犯村民的人身权利、民主权利和合法财产权利的内容。这一规定成为实践中界定国家法和乡规民约关系的法律依据。因此在法治实践中往往会形成这样的观念：乡规民约必须和国家法相吻合，不允许存在背离之处。这无疑桎梏了乡规民约的发展，使乡规民约时时存在违法的风险。无论是政府还是村民自治组织都不愿意冒这样的风险，因此他们更依赖于国家法，即使制定乡规民约也往往是国家法律的套用。所以在当代法治环境中，国家法应当给予乡规民约较为宽松的发展空间。乡规民约和国家法属于起源和性质完全不同的两种法律，必然存在溢出性，"但这并不妨碍它们成为一个社会法律秩序中真实和重要的一部分，甚至，它们是比国家法更真实而且某些方面也更重要的一部分"[①]。立法者不能要求乡规民约与国家法高度一致，否则乡规民约会成为国家法的附庸，失去其独立的价值。两种不同的事物碰撞必然会有博弈，这种博弈并不是坏事。就像西方法学流派在18世纪以后的多元化趋势，历史法学、自然法学、分析法学、社会法学相互对峙，相互论战。然

---

① 杨开道. 中国乡约制度 [M]. 北京：商务印书馆，2015：35.

而正是这种冲突和对峙成为西方当代法学发展的原动力。西方法学流派并没有此消彼长，而是在论战中相互取长补短，不断修复自身缺陷，实现了自身的升华，西方法学也因此成为当代最强势的法学。乡规民约和国家法亦如此，我们应当允许其在一定范围内的博弈和对抗。在博弈过程中，国家法会不断吸收乡规民约中的优秀内容，弥补国家立法容易出现的泛化的缺陷，而乡规民约在这个过程中会不断地规范化、系统化，剔除恶俗，将法治的基本精神、价值理念、规范要求等融入乡规民约之中。农村自治、法治、德治相结合的共享、共治、共建的格局形成不是静态的制度设计，恰恰是多种社会规范在博弈中造就的。

二、完善国家立法对乡规民约的顶层设计

首先，中央立法作为顶层设计应当明确界定乡规民约的含义、法律位阶，明确乡规民约法律渊源的地位，使乡规民约正式成为司法判决的依据，弥补国家制定法的不足，同时也能接续从依法治国到依法治村形成的断层，"避免只靠建构一种纯国家形态的秩序或建立一种权威化的法律可能对人们造成的压制，而应当努力保持规范适用的多元特征"[①]。2018年七部委出台的《关于做好村规民约和居民公约工作的指导意见》规定，群众工作方法与司法专业化相结合，以农村群众能够理解、感受的方式实现社会公平正义；尊重不违反法律强制性规定的村规民约、乡风民俗，妥善把握民事审判对习惯的适用。2019年，最高人民法院印发的《关于为实施乡村振兴战略提供司法服务和保障的意见》中指出，人民法院工作要点将司法工作与村规民约、乡风民俗相结合，推动健全自治、法治、德治相结合的乡村治理体系，推进乡村治理体系和治理能力现代化。这些都体现了国家层面对乡规民约法律适用的认可。其次，中央立法应当明确乡规民约的调整范畴。国家层面可以通过对现有地方法律有关乡规民约规定的梳理，归纳出乡规民约主要的调整对象，也以此明确自治事项和政府管理的界限。这是实施自治、落实法治和德治

[①] 田成有. 法律社会科学的学理与应用[M]. 北京：中国检察出版社，2002：104.

的前提。最后，中央立法还应明确乡规民约必须有制定主体、制定程序、监督程序；整个制定程序必须体现民主性、自治性和契约性。

三、强化地方立法对乡规民约的扶持

地方立法应当根据中央立法的精神和原则，结合地域特点，具体指导本地域内乡规民约的制定。首先，地方法规对乡规民约的指导应当以自治、法治、德治相结合，以打造共建、共治、共享的社会治理格局为基本方针，在乡规民约的制定过程中，保障村民的知情权、参与权、决策权和监督权，使广大村民真正参与进来。

其次，地方立法应当完善乡镇政府对乡规民约的审查机制。建议建立事中审查和事后审查相结合的机制，在乡规民约草案出台后，在征询村民意见的同时，报请乡政府进行事中审查。村民会议表决通过后，报送乡政府备案，进行事后审查，以保障乡规民约的合法性。乡镇政府应当成立专门的审查委员会，委员会人员组成应当多元化，包括县级司法机关工作人员、乡镇司法所工作人员、律师、当地知名人士、村民代表等。为了保障乡规民约的民主性和日后能够得到良好的实施，应当规定村民代表的比例占一半以上。

最后，地方立法应当规定习惯调查制度。地方风俗习惯经过千百年的积淀，已经内化为村民生活的信条，在村民心目中往往比国家法更有权威。所以在古代，大抵恪尽职守的地方官，都会自觉地了解地方风土人情。如清代著名地方官陈宏谋曾将"民情土俗"列为三十项，要求属下遍访悉知。[①]当代风俗习惯依然是乡规民约的重要渊源，所以地方立法应当将习惯调查作为地方政府的法定义务予以规定。在县政府或者乡政府的领导下，对一定地域的民间风俗习惯进行调查，善良的习惯上升到乡规民约中，与时代相悖的风俗予以摒弃。风俗习惯经过调查筛选后融入乡规民约，这样既能使乡规民约传承优秀文化，树立文明乡风；又能充分体现村民共同的价值观念和公共利益，有利于社会纠纷和矛盾的及时解决，不至于使乡规民约内容泛泛，流于一纸空文。

① 梁治平.清代习惯法：社会与国家[M].北京：中国政法大学出版社，1996：131.

第四节 乡规民约的自我重塑

党的十九大以来,国家确立了自治、法治、德治相结合的乡村治理新格局,这也是乡村振兴在治理模式上的升华。乡规民约是村民自治的产物,又是乡村传统风俗的载体,同时作为民间法也是中国特色社会主义法治体系的重要组成部分,是最能体现"三治融合"的制度资源。乡规民约的自我重塑应当契合"产业兴旺、生态宜居、乡风文明、治理有效、生活富裕"的总体目标,建立健全德治、法治和自治相结合的现代乡规民约。

一、地方优良传统与社会主义核心价值观结合,引领乡风文明

当代乡规民约构建过程中,当地政府部门应当组织风俗习惯的调查,将集中体现乡民信仰的善良风俗习惯进行规范化、制度化,融入乡规民约中。这样不仅能够大大提高乡民对其的情感认同,对于弘扬优秀传统文化、引领文明乡风、夯实乡村德治基础亦有积极的作用。当然,当代乡规民约既要弘扬地方优秀传统,又要和社会主义核心价值观相结合,推动社会主义核心价值观落细、落小、落实。要在乡规民约中加强爱国、敬业、诚信、友善的价值观引导,培育淳朴民风,建设良好家风;也要结合当地实际,全面推进移风易俗,将抵制婚丧陋习、铺张浪费作为重点内容。

首先,挖掘当地优秀传统文化。文化具有地域性,"十里不同风,百里不同俗",乡规民约作为内生型规则,一定要紧密依托当地的文化风俗,才能将优秀的地域文化传承下去,才能获得乡民在情感上的认同。比如秦皇岛及附近地区存在着孤竹文化、长城文化等诸多优秀传统文化,其中蕴含的礼让、仁义、气节、忠勇应当是我们中华民族世代传承的美德。

其次,通过乡规民约大力弘扬社会主义核心价值观。乡规民约形式多样、灵活,如顺口溜、三字经都朗朗上口,应当充分利用乡规民约的这一优势,营造弘扬核心价值观的生活情景和社会氛围。如建立村民图书馆、村民活动室、村庄大舞台等公共场所,集科普、宣讲、娱乐于一体。将社会主义核心

价值观以乡民喜闻乐见的形式展现出来。既加强了村民之间的文化认同,也增加了乡规民约的文化历史底蕴,使其更具有凝聚力和向心力[①]。

最后,培养优良家风。习近平总书记在2015年春节团拜会讲话中,高度重视家风建设,指出家庭是社会的基本细胞,是人生的第一所学校。任何时代,家庭的稳定都是社会稳定的基础。培养优良家风,弘扬家庭美德,是民族兴旺,社会和谐的重要基点,也是乡规民约建设的重要内容。乡规民约的建设要体现伦理亲情,体现老军人、妇女、儿童的特殊权益,形成良好家风,纯朴民风。

二、乡规民约和地方特色产业相结合,助力农村产业振兴

(一)乡规民约助力乡村文化产业发展

将乡规民约作为重要文化资源的载体,通过乡规民约弘扬传承地方优秀传统文化;通过乡规民约保护古迹遗址,将乡规民约与"文化+旅游""文化+产品"等文化产业结合起来,使乡规民约成为助力地区文化产业发展的内生动力,实现产业兴旺、乡风文明。比如通过乡规民约加强对红色文化遗产的保护,发展红色旅游,是很多革命老区人民脱贫致富的重要途径。红色文化遗产作为我国文化遗产的重要组成部分,是中国人民和中华民族革命和奋斗精神的充分体现,作为一种独特的文化资源,作为红色旅游有效载体,具有巨大的经济效益。红色文化遗产旅游是带动革命老区发展及老区人民脱贫致富的经济工程的特殊载体,必将对我国区域经济发展、民族振兴、人民生活水平的提高起到不可估量的作用。乡规民约作为一种乡村内生规则,更容易获得村民的认可和遵守,因此乡规民约对红色文化遗产的保护发挥着重要的作用,为红色文化遗产的价值功能可持续发挥提供有力的保障。在广西百色、龙州革命老区的新农村建设中明确要求规范乡规民约来保护革命文化遗产,发展红色旅游,促进地区经济发展。朱德元帅故里、历史文化名镇马

---

① 陈永蓉,李江红.乡村振兴战略背景下的村规民约建设路径研究[M].武汉:武汉大学出版社,2018.

鞍镇为专门保护红军街制定了《马鞍镇红军街保护与管理办法》，湖南省洞口县伏龙洲兰陵会馆（肖氏宗祠）专门成立兰陵会馆管委会，制定专门的管理条例来保护贺龙红二、六军团革命旧址，洞口县花园镇的红军街、红军桥，石江镇红六军团革命遗址都由乡村设立了专门机构和制定专门的管理制度进行民间保护和管理。可见，乡规民约对红色文化遗产的保护具有很强的效力[①]。

（二）乡规民约推动当代支柱产业发展

经济基础决定上层建筑，上层建筑反作用于经济基础。乡规民约作为地方上层建筑，一定要与当地的特色经济或支柱产业相结合，助力产业振兴。清朝文斗村《六禁碑》的确立保障了当地的林木经济持续稳定的发展，当代实施效果好的乡规民约也都充分体现了对当地产业经济的维护和推动。比如浙江省安吉县双一村，毛竹是当地主要的经济作物，竹林保护是该村《村规民约》的重要内容。早在1983年《村规民约》就规定：加强山林管理，节约用竹用木；搞好护笋养竹，偷挖冬笋、小笋，罚款1至10倍；毛柴不准出卖送人。[②]因此，乡规民约在制定过程中要形成与当地经济的良性互动。乡规民约助力产业振兴；经济发展，则会不断丰富乡规民约的内涵，完善乡规民约的形式，使乡规民约在乡村振兴中扮演越来越重要的角色。浙江省衢州市实现乡村振兴，产业兴旺是根本。衢州市上洋村以村规民约为载体，因地制宜、审时度势，让村民吃上了"产业饭"，走上了小康路，加快了致富增收的步伐。2003年，衢州市专业市场城在上洋村开建，村"两委"敏锐地察觉到了发展商机，商议提出"建设仓储服务市场、发展集体经济"的想法。经过党员干部和村民代表会议投票表决，村里成功申请到50亩用地指标，但建设配套仓储需要500余万元的资金，当时的村集体年收入仅3000余元，党员群众齐心贷款造仓库，一期仓储建成后就收到了72万元的租金，

---

① 刘建平，李双清.论乡规民约与乡村红色文化遗产的保护 [J].湘潭大学学报（哲学社会科学版），2009（6）：91.
② 浙江安吉：《村规民约》里见生态变迁 [EB/OL].[2019-09-19].https://www.xuexi.cn/lgpage/detail/index.html?id=6301923013989377 95.

更坚定了发展村集体经济的信心和决心。随着一个个专业市场的不断落户，上洋村不断扩大仓储规模。如今，上洋村仓储用地近2.6万平方米，村集体资产4000余万元。①

三、立足乡民社会，加强乡民自治

（一）村民高度参与乡村乡规民约的制定

当代乡村治理体系中，实现村民自治的关键是提高公民参与乡规民约制定和执行的积极性。首先乡规民约的制定应当全体村民共同参与，在程序设计上可以采用网络征集、网络投票等方式，让大多数村民拥有充分发表自己意见的平台，让村民真切感受到制定乡规民约是自己的事业，并从中获得荣誉感和成就感。内容确定以后，根据《村民委员会组织法》第二十二条规定的程序召开村民会议，经到会人员的过半数通过，并报乡政府备案。

（二）建立专门的执约小组

历史上，乡约执行都有一整套组织机构。朱熹修订后的《吕氏乡约》中规定"领导班子"由4人组成：约正1人，副正2人，直月1人。明代《南赣相约》"领导班子"扩展到17人，包括约正、约副、约史、知约、约赞等。这些人都是乡里德高望重且通晓文理者。他们各司其职，约正为乡约首领，负责裁处约内重大事项，主持乡约聚会。约正以下为具体办事人员，分别负责读乡约、彰善恶、造簿录等。以史鉴今，当代乡规民约的执行也要有专门的执约小组。执约小组成员由全体村民选举产生，应当综合考虑年龄、品德、文化、才能、经济状况，由乡村精英阶层组成，执约小组领导者有一名必须是非村委会成员。村规民约中应当明确执约小组的职责及工作方式，同时明确小组成员的职责，保证其能各司其职。普通村民参与执约小组应当给付一定的报酬。

---

① 浙江省以村规民约助推基层治理和乡村振兴融合发展 [EB/OL].[2021-09-17]. https://m.thepaper.cn/baijiahao_14550106.

（三）规范执行程序

首先，乡规民约的执行要建立常态化机制，每天专人值班，负责登记村民举报的违约行为，并予以调查核实，最终解决方法由执约小组共同商议决定。其次，乡规民约的实施要体现其软法的性质，践行德治、法治相结合的方针。执约小组下面可以设德治规范劝导小组，执行方式尽量以劝诫为主。加强乡镇政府对乡规民约实施的监督力度，建立专门的机构定期到下辖村落巡视，深入群众进行走访，调查乡规民约的落实情况，并将乡规民约的实施作为村委会考核的重要指标。培育乡村多元化自治主体，充分发挥乡贤理事会、村民理事会、村民监事会的作用，内外合力对乡规民约的实施进行监督。最后，乡规民约的宣传要有仪式感，应当组织宣讲团，在学校或者村民集会之日进行宣讲，提高村民对乡规民约的重视程度，而不是置于宣传栏、文化墙了事。

四、加强乡规民约的法治功能

（一）乡规民约应当规定制裁措施

乡规民约应当规定制裁措施。传统乡规民约对社会的有效治理不是单纯依靠教化，而是教化和制裁并用，只不过"惩戒"并非来自国家公权力，而是乡土社会自身。2018年民政部等七部委联合出台的《关于做好村规民约和居民公约工作的指导意见》也规定，村规民约、居民公约一般还应针对违反的情形，提出相应惩戒措施。古代的乡治实践和当代政策导向，都说明乡规民约必须具有惩戒制度，方能发挥实效。虽然罚款的措施在当代法治环境下，缺少法律依据，但是乡规民约可以从契约角度要求违约村民向集体缴纳违约金；此外还可以设置公开批评、为乡村做义工等方式。不过，民众一旦触犯国家法律，必须移交国家司法机关，不可以擅自处分，更不可动用私刑。乡规民约还应当设置有奖举报制度，对举报违约行为的村民给予一定的奖励，激发村民维护乡规民约的积极性。

（二）实现和国家法的良性互动

历史上，乡规民约的发展和国家法始终是相互渗透、相互配合的。大多数乡规民约都明文规定"于条无碍""谨遵宪例"，以非常谦逊的姿态居于国家法之下，不与国家法相抵触，同时积极向国家法寻求制度支持。当代乡规民约和国家法也需要构建良性互动的关系，这也是"三治融合"治理格局的必然要求。但是乡村治理实践中普遍存在乡规民约和国家法关系断裂和耦合失衡等困境。国家法缺少对乡规民约的制度支持和态度包容，在国家法的强势铺陈下，乡规民约无论从体系还是内容都无法与国家法实现对接。因此国家立法层面需要加强对乡规民约的顶层设计，明确乡规民约的含义、法律位阶，明确法律效力层级，使乡规民约具备和国家法趋同的制度化、规范化的形式。乡规民约中相对于国家法而言"溢出性"的内容，国家法应持一种宽容态度。只要不违反法治基本原则，又在当地已经约定俗成，应当允许其存在，给乡规民约发展相对宽松的空间。乡规民约和国家法作为两种不同性质的社会规则，应当允许其在一定范围内的博弈和对抗。在博弈过程中，国家法会不断吸收乡规民约中的优秀内容，弥补国家立法容易出现的泛化的缺陷，而乡规民约在这个过程中会不断地规范化、系统化，剔除恶俗，将法治的基本精神价值、理念规范要求等融入乡规民约之中。乡规民约和国家法的结合就是在博弈过程中形成的动态平衡。

2014年，习近平总书记在中共中央政治局第十八次集体学习时强调，治理国家和社会，今天遇到的很多事情都可以在历史上找到影子，历史上发生过的很多事情也都可以作为今天的镜鉴。乡规民约在千百年的发展过程中集聚了古代基层治理丰富的智慧，它立足于乡民社会，但又不囿于乡民社会，在发展过程中和国家法有机衔接，为自身发展营造了良好的社会环境。在内容上既能从信仰层面使村民凝心聚力，又能在制度层面有效调整村民利益，解决纠纷。可以说传统乡规民约在那个年代确实做到了自治、法治、德治的有机融合。当代乡规民约的建设完全可以从传统乡规民约中汲取有益的经验，进行传承和创新性转化，为实现当代农村的"三治"融合的治理格局提供有力的制度支撑。

参 考 文 献

1. 著作类

[1] 杨开道.中国乡约制度[M].北京：商务印书馆，2015.

[2] 梁治平.清代习惯法：社会与国家[M].北京：中国政法大学出版社，1996.

[3] 费孝通.乡土中国[M].北京：商务印书馆，2019.

[4] 董建辉.明清乡约：理论演进与实践发展[M].厦门：厦门大学出版社，2019.

[5] 黄珺.云南乡规民约大观（上）[M].昆明：云南美术出版社，2010.

[6] 许慎.说文解字[M].北京：中华书局，1963.

[7] 陈永蓉，李江华.乡村振兴战略背景下村规民约建设路径研究[M].武汉：武汉大学出版社，2018.

[8] 牛铭实.中国历代乡规民约[M].北京：中国社会出版社，2015.

[9] 高其才.中国习惯法论[M].北京：中国法制出版社，2008.

[10] 罗豪才，宋功德.软法亦法——公共治理呼唤软法之治[M].北京：法律出版社，2009.

[11] 简臻锐.明清乡约：理论演进与实践发展[M].厦门：厦门大学出版社，2008.

[12] 章潢.保甲乡约社仓社学总序[M].上海：上海古籍出版社，1992.

[13] 张广修，张景峰.村规民约论[M].武汉：武汉大学出版社，2002.

[14] 童建飞.大新县志[M].上海：上海古籍出版社，2015.

[15] 徐爱国，王振东.西方法律思想史[M].北京：北京大学出版社，2002.

[16] 林峰，等.乡村振兴战略规划与实施[M].北京：中国农业出版社，2019.

[17] 高其才.通过村规民约的乡村社会治理——当代锦屏苗侗地区村规民约功能研究[M].长沙：湘潭大学出版社，2018.

[18] 田成有.法律社会科学的学理与应用[M].北京：中国检察出版社，2002.

[19] 徐勇.乡村治理的中国根基与变迁[M].北京：中国社会科学出版社，2019.

[20] 周俊华，李思泽.少数民族地区乡村内源性自治资源——乡规民约的发展与创新[M].北京：中国社会科学出版社，2019.

[21] 贺雪峰.乡村治理的社会基础[M].北京：生活•读书•新知三联书店，2020.

2. 论文类

[1] 卞利.明清徽州地区乡（村）规民约论纲[J].中国农史，2004（4）：97-104.

[2] 崔智友.中国村民自治的法学思考[J].中国社会科学，2001（4）：138.

[3] 张文中.试论乡规民约的性质与效力[J].甘肃政法学院学报，1994（3）：12.

[4] 卞利.明清时期徽州森林保护碑刻初探[J].中国历史，2003（2）：111.

[5] 张中秋.乡约的诸属性及其文化原理认识[J].南京大学学报，2004（5）：51-57.

[6] 佟宝山.西南少数民族传统文化中的生态环保观[J].辽宁大学学报（哲学社会科学版），2007（6）：100-103.

[7] 刘笃才.中国古代民间规约引论[J].法学研究，2006（1）：142.

[8] 张明新.从乡规民约到村民自治章程——乡规民约的嬗变[J].江苏社会科学，2006（4）：173.

[9] 罗鹏，王明成.村规民约的内涵、性质与效力研究[J].社会科学研究，2019（3）：69.

[10] 郑文宝，姜丹丹.乡规民约的当代意蕴——基于传统与现实的问题意识

思考[J].安徽师范大学学报（人文社会科学版），2016（1）：107.

[11] 叶小文.论乡规民约的性质[J].贵州社会科学，1984（2）：6-12，24.

[12] 高其才，罗旭.村规民约与生态保护和绿色发展[J].人权，2016（3）：21.

[13] 刘志奇，李俊奎.中国乡规民约研究80年[J].北京师范大学学报（社会科学版），2016（2）：146.

[14] 范忠信.民主法治视野下的村规民约建设研究[J].公安学刊，2013（3）：45.

[15] 里丹.杉木王与六禁碑[J].杉乡文学，2009（8）：27.

[16] 赵霞，刘依霖.规避与借鉴：法治中国视角下发展乡规民约的理念变迁[J].石家庄铁道大学学报，2017（9）：68.

[17] 金根.传统乡规民约的价值、经验与启示——基于《南赣乡约》文本分析角度[J].中国农业大学学报，2014（4）：87.

[18] 何旺旺.乡规民约的历史嬗变及其在当代基层社会治理中的角色定位[J].山东科技大学学报（社会科学版），2018（6）：35-36.

[19] 黄承伟.乡村振兴的时代价值[J].红旗文稿，2021（12）：1，29-30.

[20] 汪世荣."枫桥经验"视野下的基层社会治理制度供给研究[J].中国法学，2018（6）：5-22.

[21] 张景峰.新时代健全自治法治德治相结合乡村治理体系探讨[J].河南科技大学学报（社会科学版），2018（6）：94-100.

[22] 陈寒非，高其才.乡规民约在乡村治理中的积极作用实证研究[J].清华法学，2018（1）：74.

[23] 高其才.规范、制度、机制：村规民约与社会治安维护[J].学术交流，2017（5）：97-99.

[24] 刘建平，李双清.论乡规民约与乡村红色文化遗产的保护[J].湘潭大学学报（哲学社会科学版），2009（6）：91.

[25] 陈秋云，姚俊智.通过村规民约的农村生态环境治理[J].原生态民族文化学刊，2020（5）：85-92.

[26] 刘金海.现阶段农民法律意识的调查研究——基于269个村3675个农民

的问卷分析 [J]. 华中农业大学学报（社会科学版），2015（1）：68-74.

[27] 胡杨. 中国农村精英研究的问题及其整合 [J]. 河南社会科学，2006（1）：11-15.

[28] 李代明，陈云鹤. 村规民约在乡村构建"三治"格局中的时代价值、现实困境和完善路径 [J]. 山西农业大学学报，2021（1）：39-45.

[29] 辛宇鹤，王丹，马静. 多元矛盾纠纷化解视域下乡规民约的价值与完善 [J]. 石家庄学院学报，2021（3）：120-125.

[30] 党晓虹. 虚置与重构：乡规民约的当代困境及未来走向分析 [J]. 政治与社会，2016（8）：8-12.

[31] 党晓虹，樊志民. 传统乡规民约的历史反思及其当代启示——乡村精英、国家政权和农民互动视角 [J]. 中国农史，2010（4）：100-105.

3. 硕博论文

[1] 齐飞. 国家治理体系中的乡规民约 [D]. 北京：中共中央党校，2015.

[2] 党晓虹. 中国传统乡规民约研究 [D]. 咸阳：西北农林科技大学，2011.

[3] 田成有. 传统与现代：乡土社会中的民间法 [D]. 北京：中国政法大学，2005.

[4] 何育美. 清代民国时期黔东南文斗寨的林业经济习俗研究 [D]. 南宁：广西师范大学，2011.

后　　记

　　本书是作者 2019 年河北省社会发展课题"乡村振兴战略背景下完善冀东地区乡规民约治理体系研究"的研究成果，项目编号：2019030303001。

　　对于乡规民约的关注是从 2015 年开始的，当时我在做一系列关于农村食品安全的课题。在课题研究过程中，我发现农村食品安全监管单纯依靠国家行政力量是远远不够的，需要充分挖掘农村本土资源，调动村民参与食品安全监管的积极性。在国家法的语境下，村民一直是被管理者，村民没有更多参与监管的空间，因此村民对于食品安全监管并没有太大的积极性。因此就需要搭建村民参与食品安全监管的制度平台，这就是乡规民约。因为乡规民约自古以来就是乡治的基础，当代社会乡规民约也是村民自治的重要抓手。自此我的研究重点从国家立法和行政监管转移到乡规民约上来，也为此查阅了大量的资料。在查阅资料的过程中，我发现乡规民约的价值不仅仅体现在食品安全监管领域，更应该是整个乡村治理的重要制度供给。特别是乡村振兴战略提出以后，乡规民约受到了前所未有的关注，2018 年国家七个部委联合发布《关于做好村规民约和居民公约工作的指导意见》，要求到 2020 年全国所有村、社区普遍制定或修订形成务实管用的村规民约、居民公约。该课题就是在这样的背景下开展研究的。历经三年，课题组并非闭门造车，只在网上搜集资料，而是亲自到农村走访，发放调查问卷，搜集各种乡规民约的文本几十个，为课题研究提供了扎实的实践基础。在此期间完成"调研河北"课题一项，并获得省三等奖。最近这一年，课题组开始把之前的资料进行分析、整理，最终成书。本书对乡规民约的研究并不仅限于文化宣传层面，而是以提升基层治理能力和乡村振兴战略的实施为背景，思考如何制定务实管用的乡规民约，并从领导主体、制定实施主体、国家法扶植、乡规民约自身完善四个方面提出建议。社会治理需要多元化的资源，全面推进依法治国，既包括国家法这样的硬法，也包括乡规民约这样的软法，需要建立多层次多领域依法治理体系。我希望通过本书能够为乡规民约的完善尽一份绵薄之力。

　　本书即将付梓之际，我衷心感谢每一位关心过我的老师、朋友和同事，感谢河北科技师范学院文法学院给我提供的科研平台，特别感谢我的家人，这么多年来一直默默支持我的工作。

　　由于本人能力有限，书中一定有很多不足之处，敬请各位读者批评指正。

辛宇鹤